SYMPHONIES
SINFONÍAS

Chants d'Amour
Cantos de Amor

Français / Espagnol
Francés / Español

EFL

SYMPHONIES
SINFONÍAS

Chants d'Amour
Cantos de Amor

Florilège de poésie
Florilegio de poesía

© 2023 Edmond Frédéric LARGEAU
© 2023 EFL

Édition : BoD - Books on Demand, info@bod.fr
Impression : BoD – Books on Demand,
In de Tarpen 42, Norderstedt (Allemagne)
Impression à la demande
Illustration couverture: Montage photographique d'EFL
Ilustración portada: Montaje fotográfico de EFL

ISBN : 978-2-3224-8126-2
Dépôt Légal : Juin 2023
Depósito legal: Junio de 2023

Remerciements
Agradecimientos

À ma mère, Jeannine
A mi madre, Juanita

À ma famille, à mes amis pour leurs encouragements
A mi familia, a mis amigos por sus ánimos

Poèmeraie

Avant les mots
Dolcissimo,
Une brise subtile apporte le poème
par thème,
En venue,
Tout ce qui fut,
Tout ce qui va, ou peut venir
A l'intention de ceux qui connaissent
Ceux qui veulent connaître
Intrigués, étonnés ou curieux de désir

Oui, j'ai lu la *poèmeraie
Page verte, pages colorées
Voyelles d'eau dans la forêt
Consonnes de maintes lumières
Des lettres riches en sève
En ramures, au-delà d'un rêve

Je garderai en moi, profondément
Le miel de l'air, un avant-goût
Aux lèvres, subtilement,
Qui grise comme un vin doux...

© EFL

poèmeraie : Champ ou collection de poèmes

Poemario

Antes de las palabras
Dolcísimo,
Una brisa sutil trae el poema
por tema,
En venida,
Todo lo que fue,
Todo lo que va, o puede venir
Con la intención de aquellos que conocen
Los que quieren conocer
Intrigados, sorprendidos o curiosos de deseo

Sí, leí el poemario
Página verde, páginas de colores
Vocales de agua en la floresta
Consonantes de muchas luces
Letras ricas en savia
En ramas, más allá de un sueño

Guardaré en mí, profundamente
La miel del aire, un anticipo
En los labios, sutilmente
Que embriaga como un dulce vino…

© EFL

À la Mandoline

Un allégro fait le mariole
Et tinte le vent qui dissémine
La quinte de do, quinte de sol
Se joue un chant à la mandoline

Mikado de notes sans bémol
Sur la portée de do, galopine
Un domino d'accords cabriole
Sur les cordes de la mandoline

Vibrato pour la gamme frivole
Où do, mi, ré, à foison, domine
Le flamenco enflamme le sol
Et se taquine à la mandoline

Le moderato suivant, somnole
La demi-pause, mise en sourdine
Et la croche en repos batifole
Sur les cordes de la mandoline

Crescendo, un air rythmé s'envole
Un concerto en do, dodeline
Sur les trémolos d'un rossignol
Soprano du cœur, qui imagine...

Un chant d'amour à la mandoline...

A la Mandolina

Un allegro hace el guiñol
Y tintinea el viento que disemina
La quinta de do, la quinta de sol
Se toca un canto a la mandolina

Mikado de notas sin bemol
Un dómino acordes retoza
Caracolea en el pentagrama de sol
Sobre las cuerdas de la mandolina

Vibrato para la gama frívola
Donde do, mi, re, en abundancia, domina
El flamenco inflama de pasión la tierra
Y se bromea con la mandolina

El moderato próximo, está adormilado
El silencio de blanca, está mudo
Y la corchea en descanso se mima
Sobre las cuerdas de la mandolina

Crescendo, un ritmo fresco vuela
Un concerto de do que gorgojea
Sobre los trémolos de una cardelina
Soprano del corazón que imagina...

Un dúo de amor a la mandolina...

Un jour particulier

En ce jour particulier
Pour ne jamais l'oublier
Avec mon cœur j'ai planté

Trois magnifiques rosiers
Trois, aux nuances variées
Parmi un sol argenté

Bordant le seuil du foyer
L'orange, te désirer
Ou le rose, t'adorer

Et le rouge, à t'aimer
Pour ne jamais l'oublier
Ce jour si particulier

Mon amour est journalier
Vois, en mes yeux, un brasier
En mon cœur, la vérité

Personnel et singulier
Âmes et cœurs sont reliés
Toujours pour l'éternité...

À jamais, Namasté
Ta particularité...

Un día particular

En este día particular
Para nunca olvidarlo
Con mi corazón he plantado

Tres, rosales magníficos
Tres, con matices variados
Entre un suelo plateado

El umbral de la casa bordeando
Naranja, para amarte
O el rosa, adorarte

Y el rojo, para quererte
Nunca olvida lo esencial
Este día tan especial

Mi amor es extraordinario
Mira, en mis ojos, un brasero
En mi corazón, la verdad

Singular y personal definidos
Almas y corazones están conectados
Siempre por toda la eternidad...

Para siempre, Namasté…
Tu peculiaridad...

Je t'aimerai toujours

Tant que je pourrai rêver
Tant que je pourrai penser
Tant que j'aurai de la mémoire
Encore
Je t'aimerai toujours…

Tant que j'aurai des oreilles pour écouter
Tant que j'aurai des lèvres pour parler
Tant que j'aurai des yeux pour regarder
Revenir du passé
Je t'aimerai toujours...

Tant que je pourrai ressentir avec mon cœur
Tant que j'aurai une âme en ébullition
Tant que j'aurai de l'imagination
Ce sera notre bonheur
Je t'aimerai toujours...

Tant que le temps existera
Tant que mon amour existera
Tant que tu vivras sur Terre
Et tant que je respirerai
pour dire ton nom
Je t'aimerai toujours...

Yo siempre te amaré

Mientras yo pueda soñar
Mientras yo pueda pensar
Mientras tenga memoria
Todavia
Yo siempre te amaré...

Mientras tenga oídos para escuchar
Mientras tenga labios para hablar
Mientras tenga ojos para ver
Del pasado volver
Yo siempre te amaré...

Mientras pueda sentir con mi corazón
Mientras tenga un alma en ebulición
Mientras tenga una imaginación
Sera suficiente
Yo siempre te amaré...

Mientras el tiempo existirá
Mientras mi Amor existirá
Mientras vivas en la Tierra
Y mientras respiraré
para decir tu nombre
Yo siempre te amaré...

Parce que je t'aime plus que tu ne t'aimes toi-même
Parce que je t'aime plus que tout au monde
Parce que je t'aime plus que tout dans l'univers
Parce que je t'aime tellement et plus encore…

Porque te quiero más de lo que te amas
Porque te quiero más que nada en este mundo
Porque te quiero más que nada en el universo
Porque te quiero tanto y más...

Harpiste en apesanteur

La sorcellerie d'un harpiste
Avec ses beaux yeux améthyste
En apesanteur sur la piste
Et s'arc-boutant sur un twist mixte

Un numéro d'équilibriste
Livré avec ses sœurs choristes
Qui enchantent les symbolistes
Libres, comme des vers-libristes

Et glissent ses longs doigts d'artiste
Sur les volutes qui subsistent
La féerie des sons persiste
Jusqu'à l'empyrée qui l'assiste

Quand sons, lumière coexistent
En apesanteur sur la piste
Avec ses beaux yeux améthyste
Voici le sorcier, un harpiste

Qui chante à la lune triste
Avec grâce et ses choristes
En apesanteur sur la piste
Et toute sa magie altruiste...

Arpista en ingravidez

La brujería de una arpista
Con sus hermosos ojos amatista
En gravedad cero en la pista
Y apoyándose en un twist mixta

Un juego como los equilibristas
Entregado con sus hermanas coristas
Que encantan a los simbolistas
Libres, como versos-libristas

Y deslizan sus largos dedos de artista
Que subsisten entre muchas volutas
La magia de los sonidos persiste
Hasta el empíreo que le asiste

Cuando coexisten luz y sonido alta
En gravedad cero en la pista
Con sus hermosos ojos amatista
Este es el hechicero, una arpista

Que canta a la luna laudatoria
Con sus coristas y con gracia
En gravedad cero en la pista
Y toda su magia altruista...

Harpe à Bruire

Les cordes vibrent
Une plainte libre
Des sons éthérés
Jusqu'à l'empyrée

Parmi le givre
Erre une vouivre
Miséricorde
Entre les cordes

Un air déchirant
Frisonne au vent
Frôlement léger
D'une main âgée

Aux fils à bruire
Un cœur va vrombir
Sonnement d'ailleurs
Souffle intérieur

Un cœur palpite
Un chant crépite
Les cordes tremblent
Toutes ensembles

Pâmoison de sons
Tintent des frissons
Liliales vibrations
Geints à l'horizon...

Arpa para Resonar

Vibran las cuerdas
Libres súplicas
Un sonidos etéreo
Hasta el empíreo

Entre la escarcha
Vaga una víbora
Misericordia
Entre la cuerda

Un desgarrador canto
Tiembla en el viento
Roce ligero
De una envejecida mano

En los hilos para resonar
Un corazón va a zumbar
Sonido de otro lugar
Soplo interior para soñar

Un corazón palpita
Un canto crepita
Tiemblan las cuerdas
Todas juntas

Desmayo de sonidos
Tintinean escalofríos
Puras vibraciones
Gimen en todos los rincones...

Maison Bonheur

Hendécasyllabe

Sous la lune, la maison de couleur dune
Avec grilles ornées d'un cœur au milieu
Est ouatée en plein cœur des résineux
Face à l'horizon d'une mer au ton prune

Dans son patio des glycines communes
Dissimulent des orangers fructueux
Des oiseaux dont le chant est mélodieux
Près d'une fontaine zen en pierre brune

Ici, s'écoulent paisiblement les jours
Ponctués souvent par des rires joyeux
Aromatisés par de mets délicieux

Assis certains soirs d'hiver au coin du feu
Main dans la main, souriant, deux petits vieux
Savourent la chaleur de leur doux amour...

Casa Felicidad

Bajo la luna, la casa del color de las dunas
Con rejas adornadas con un corazón en el medio
Frente al horizonte de un mar de tono cerúleo
Está ubicada en pleno corazón de las resinosas

En su patio serpentea una majestuosa glicina
Que enmascara naranjos fructíferos
Pájaros con sus cantos melodiosos
Cerca de una fuente zen de piedra morena

Aquí los días pasan tranquilamente
Puntuados con risas alegres frecuentemente
Aromatizados por delicias culinarias

Algunas noches de invierno junto al fuego, sentados
Mano a mano, sonriendo, dos viejitos
Saborean el calor de su dulce amor...

Petit Déjeuner Gourmand

Hendécasyllabe

Se réveiller à temps au soleil gourmand
Entendre le doux gazouillis des oiseaux
Ouvrir un peu les paupières lentement
Et offrir un large sourire en biseau

Déjeuner à temps au soleil caressant
Croquer à pleines dents, de tendres biscuits
Beurrer légèrement un demi croissant
Et presser comme la rosée, un beau fruit

Déjeuner à temps au soleil de printemps
Sucrer le café au bol de la prairie
Verser un nuage de lait en chantant
Et déguster de tendres pâtisseries

Déjeuner à temps au soleil persistant
Contempler ensemble un bel eldorado
Partager des baisers au foulard du temps
Et aimer autant car la vie est cadeau...

Desayuno Gourmet

Despertarse a tiempo al sol codicioso
Escuchar de los pájaros el suave chirrido
Abrir lentamente los párpados un poco
Y ofrecer un amplio sonriente rostro

Desayunar a tiempo al sol acariciando
Mordisquear con intensidad, una tierna galleta
Untar con mantequilla un cruasán despacito
Y exprimir como el rocío, una bonita fruta

Desayunar a tiempo al sol de primavera
Regar una nube de leche en cantando
Endulzar el café en el tazón de la pradera
Y saborear uno delicioso pastelito

Desayunar a tiempo al sol prolongado
Contemplar juntos un hermoso paraíso
Compartir besos con el pañuelo del tiempo
Y amar tanto porque la vida es regalo...

De ce qui vibre en nous

De ce qui vibre en nous rien ne peut être vain
Le rêve se fait vie et fait vivre la mélomane pierre
Vers toi s'élance un hymne et cet hymne est lumière
Tout mon amour pour toi déborde sur demain

Ton geste est un oiseau, l'oiseau devient une âme
Et l'âme, une harmonie où fleurit un appel
Vers ton regard fervent et mouvant comme un ciel
Monte indéfinissable une angoisse de flamme

Corolle d'un aveu qui jaillit du désert
Où coule goutte à goutte une ombre de moi-même
Aux sillons de la nuit les soleils que je sème
En rameaux éploieront leurs rayons sur ta chair…

De lo que vibra en nosotros

De lo que vibra en nosotros nada puede ser vano
El sueño se hace vida y hace vivir la piedra melómana
Que se eleva un himno hacia ti y luminoso es este himno
Todo mi amor por ti se está desbordando en mañana

Tu gesto es un pájaro, el pájaro se convierte en un alma
Y el alma, una armonía donde florece una llamada
Móvil como un cielo y hacia su ferviente mirada
Sube indefinible una ansiedad de llama

Saliendo del desierto una corola de confesión que brota
Donde una sombra de mí mismo fluye gota por gota
A los surcos de la noche los soles que sembré
En ramas desplegaran sus rayos en tu carne...

Magie du peintre

Hendécasyllabe

Devant un paysage, un peintre installé
Esquisse un ouvrage pour lui donner vie
Coups de pinceaux derrière son chevalet
Par morceau, s'étend la série de lavis

Puis, touche après touche, l'allée spiralée
Bordée d'azalée jaillit, portant envie
Baignée dans une symphonie pétalée
Où débouchent deux chats assis et ravis

Là, chacun observe à travers la feuillée
Un souriceau gris, grignotant du carvi
Qui, par des moineaux dorés, est poursuivi

Avec la magie, toujours l'âme éveillée
Le peintre produit, au gré de ses envies
Un sentiment pour les cœurs émerveillés...

Magia del pintor

Un pintor instalado, frente a un paisaje
Esboza una obra para darle vida
Pinceladas detrás de su caballete
Por pedazo, se extiende la serie de aguada

Luego, toca por toca, los pasadizos espiralados
Bordeados de azalea brotan, que dan ganas
Bañada en una sinfonía de colores y aromas
Donde salen dos gatos sentados y encantados

Allí, cada uno observa a través de la enramada
Un ratoncito gris, mordisqueando alcaravea
Que, por gorriones dorados, está perseguido

Con la magia colorida, aún el alma despertada
El pintor produce, a merced de sus deseos
Un sentimiento para los corazones asombrados...

Les Églantines Tourmalines

Rombelle, Poésie du XXI

Des églantines culminent en haut de la colline
Au ciel naphtaline, une mousseline vagueline
Qui illumine la crinoline de lueurs sanguines
Où au vent hyalin dodelinent les fleurs pétalines

Au lointain, un poète chemine et imagine
Des rimes divines, un refrain à la mandoline
Des églantines, culminent en haut de la colline
Au ciel naphtaline, une mousseline vagueline

Un parfum qui se mousine jusqu'à la popeline
D'un artiste, à la craie peint, un dessin se dessine
Au ciel naphtaline, une mousseline vagueline
Des églantines fulminent en haut de la colline

Qui domine sur un printemps, un embrun d'étamines
Et s'agglutine au dessin, sur l'artiste qui patine
Le destin, badinant le poète qui s'aroutine
Le temps débine sur les églantines tourmalines

Au ciel naphtaline, une mousseline vagueline
Des églantines fulminent en haut de la colline...

Las Rosas Silvestres Turmalinas

Rombella, Poesía del siglo XXI

Las rosas silvestres culminan en lo alto de la colina
En el cielo naftalina, una muselina vaguelina
Que con destellos sanguíneos ilumina la crinolina
Donde al viento hialino se mece la flor cristalina

A lo lejos, un poeta camina e imagina
Rimas divinas, un estribillo a la mandolina
Las rosas silvestres culminan en lo alto de la colina
En el cielo naftalina, una muselina vaguelina

Un perfume que se extiende hasta la popelina
De un artista, con tiza pintada, un dibujo se dibuja
En el cielo naftalina, una muselina vaguelina
Las rosas silvestres fulminan en lo alto de la colina

Un rocío de estambres que sobre una primavera domina
Y se aglutina en el dibujo, sobre el artista que patina
El destino, bromeando con el poeta que se rutina
El tiempo acobarda sobre la rosa silvestre turmalina

En el cielo naftalina, una muselina vaguelina
Las rosas silvestres fulminan en lo alto de la colina…

Les Patios de Cordoue

Hendécasyllabe

Dans l'or rougeoyant du ciel, le soir descend
Révélant la symphonie des coloris
Sur les patios de Cordoue fleurissants
Là, s'admirent les milliers de pots fleuris

Œillets, jasmin, géraniums, muscari
Ornent les murs et escaliers verdissants
Mêlant la bougainvillée dans sa soierie
À agrémenter l'espace orangissant

Dans les chauds patios où l'amour se ressent
L'admiration danse et semble nourrie
D'émotion, de paix, au jour finissant
Garnissant l'euphorie de doux coloris

Dans l'or rougeoyant du ciel, le soir descend
Berçant le festival, primant la féerie
Dans les patios de Cordoue florissants
L'art floral se loue pour que la vie sourie...

Los Patios de Córdoba

En el oro enrojecido del cielo, la noche desciende
Revelando la sinfonía de los colores
En los patios de Córdoba florecientes
Allí, miles de maceteros floridos rinden homenaje

Para decorar el espacio anaranjado
Jazmín, geranios, petunia, claveles
Adornan las paredes y escaleras verdes
Aliando la buganvilla en su denso tejido

En los patios calientes donde el amor se siente
La admiración baila y parece alimentada
De emoción, de paz, al final del día
Engalanando la euforia con un color suave

En el oro enrojecido del cielo, la noche desciende
Meciendo el festival, primando la magia
En los prósperos patios de Córdoba
El arte floral se alaba y así la vida sonríe...

Mascarade

Hendécasyllabe

Viens, danser au bal masqué de Venise
Où chacun porte un masque différent
Parmi l'exaltation qui s'harmonise
À s'ébaudir des instants exubérants

Ainsi déguisé, chacun se courtise
Du couchant au levant, l'esprit soupirant
Viens, danser au bal masqué de Venise
Où chacun porte un masque différent

À travers l'illusion qui s'improvise
De sentiments dissimulés, récurrents
Cavalcade la vie et ses surprises
Une mascarade qui suit le courant

Entre les désirs et regards attirants
Un monde itinérant, sympathise
Où chacun porte un masque différent
Pour qu'à Venise, le bal s'éternise...

Pour un temps, chaque vie se colorise
Et se mignardise à chaque printemps...

Mascarada

Ven, baila en el baile de máscaras de Venecia
Donde una máscara diferente cada uno lleva
Entre la exaltación que se armoniza
Para saborear momentos de exuberancia

Así disfrazado, cada uno se corteja
De la noche a la madrugada, el espíritu suspira
Ven, baila en el baile de máscaras de Venecia
Donde una máscara diferente cada uno lleva

A través de la ilusión que se improvisa
De sentimientos disimulados, recurrentes
La vida es una sorpresa que pasa y retoza
Una mascarada que sigue las corrientes

Entre un deseo y una mirada atractiva
Un mundo itinerante, simpatiza
Donde una máscara diferente cada uno lleva
Para que en Venecia, el baile se eterniza...

Por un tiempo, cada vida se colorea
Y se mima en cada primavera...

Caravane de Nacarat

Hendécasyllabe

Le soleil teint l'horizon de nacarat
L'or des rayons et nuages vermillon
Parallèles à chaque almicantarat
Prospèrent sur un rêve d'évasion

La poussière soulevée des méhara
Berce l'ondulation des cargaisons
Et sur l'imagination d'Apsara
Naissent les mirages au néant profond

Au campement vagabond, les esprits vont
Fleurir l'odeur au ragoût d'aouara
Et le vent nourri porte les tourbillons
Au cœur des dunes, au bord du Sahara

Sur les routes de soie, en procession
Défile un convoi, le long des rivieras
Chargé de croyance et de tradition
Sous un soleil luisant aux mille carats...

Caravana de Nácar

El sol tiñe el horizonte anaranjado
El oro de los rayos y nubes bermellón
A cada almicantarat en paralelo
Prosperan en un sueño de evasión

El polvo levantado por los dromedarios
Balancea la ondulación de los cargamentos
Y sobre la imaginación de la diosa Apsara
Los espejismos nacen en la nada profunda

En el campamento errante, van los ánimos
Florecer el olor con un guiso de chirimoya
Y el viento alimentado lleva los remolinos
Al centro de las dunas, a orillas del Sahara

En las carreteras de seda, en procesión
La caravana desfila a lo largo de los farallones
Cargada de creencia y tradición
Bajo un sol radiante de mil quilates...

Carnaval de Rio de Janeiro

Porté par l'onde enivrée de Samba
Le carnaval de Rio crie ses « Houba »
Sur le tempo des sifflets et des tambours
S'écoule un flot incessant, nuit et jour

De chars bariolés, de danseurs arc en ciels
Charrient, endiablés, la foule démentielle
Où s'associent les cuícas aux zabumbas
Jusqu'à l'aurore, à faire la nouba

C'est tout un peuple métissé qui s'ébat
Mêlant plumes et paillettes aux gambas
Oubliant la misère le long du parcours

Et sur le Corcovado, un Christ d'amour
Bat la mesure, quand Rio fête plus bas
Sa démesure, enivrée de Samba…

Carnaval de Río de Janeiro

Llevado por la embriagadora onda de Samba
El carnaval de Río grita sus « Houba »
El ritmo de los silbatos y tambores
Fluyen, día y noche, en flujos incesantes

Carros irisados como arcos en cielo, bailarines de colores
Endiablados por las multitudes dementiales y trepidantes
Donde se asocian cuícas con el zabumba
Hasta el amanecer, haciendo la fiesta

Aquí se divierte todo un pueblo mestizo
Mezcla de plumas y escamillas hasta piernas
Olvidando la miseria a lo largo del recorrido

Y un Cristo de amor, sobre el Corcovado
Bate la medida, cuando Rio fiesta más abajo
Su desmesura, embriagada de Samba...

Holi, à la folie

Voici le jour J, voici *Holi
Où brasillent les nuées colorées
En suspension, la poudre polie
Maquille les visages décorés

Et l'on projette mille couleurs
Dans l'air, sur la foule aspergée
La joie erre, maquille les cœurs
Poudrés d'une harmonie émergée

Voici Holi voici la magie
Qui fête l'arrivée du printemps
Nimbé de grains au ciel assagi
En éclosion, règnent les pigments

Autour du feu *Holika, les chœurs
Enflammés, crient, chantent, hébergés
De folie aux multiples senteurs
Où rient les coloris submergés

Voici le jour J, voici Holi
Un pur carnaval édulcorant
Ici on cavale, on se salit
Dans la frénésie des colorants…

Holi : Fête des couleurs à l'équinoxe du printemps
Holika : Divinité hindoue, grand feu allumé le premier jour de la Holi

Holi, a la locura

Este es *Holi, este es el día maravilloso
Donde resplandecen las nubes coloreadas
En suspensión, polvo pulido
Maquilla las caras decoradas

Y se proyectan mil colores
En el aire, sobre la multitud rociada
La alegría vaga, maquilla los corazones
Empolvados de una armonía emergida

Este es Holi, este es la magia
Que celebra de primavera la llegada
En el cielo saciado nimbado de granos
En eclosión, reinan los pigmentos

Coros alrededor fuegos *Holikas
En llamas, gritando, cantando, alojados
De locura a múltiples esencias
Donde se ríen los colores sumergidos

Este es Holi, este son los días maravillosos
Algunas carnavales edulcorantes
Aquí corremos, nos ensuciamos
En el frenesí de los colorantes...

Holi: Fiesta de los colores en el equinoccio de primavera
Holika: Deidad hindú, gran fuego encendido el primer día del Holi

Week-end à Rhodes

Week-end à Rhodes, jusqu'à l'Antipode
D'un épilogue, sur la perl' des îles
L'amour en vogue, déferle, jubile
Sur notre exode, Week-end à Rhodes

Et sur les traces, d'un colosse, t'offrir
Un espace, ta géode, ton empire
Un amour baigné, de mers émeraude
Emplis de baisers, sur tes lèvres chaudes

Je voudrais tant, être ton électrode
Sur le remblai où les rêves se brodent
Éveiller la passion, pouvoir t'éblouir
Comme deux électrons, libres s'attirent

Et dans la cité médiévale, bâtir
L'attraction ovale, palais du plaisir
Et aux désirs aussi anciens qu'Hérode
Quand s'élèvent la nuit de vieux rhapsodes

Week-end à Rhodes, escal'à la mode
Notre épilogue, tous deux en exil
L'amour vogue, sur la perle des îles
À notre exode, Week-end à Rhodes…

Fin de semana en Rodas

Fin de semana en Rodas, hasta el Antípoda
De un epílogo, sobre la perla de las islas
El amor en voga, se regocija, se desborda
En nuestro éxodo, fin de semana en Rodas

Y sobre las huellas, de un coloso, ofrecerte
Un espacio, tu geoda, tu imperio
Un amor bañado en mares esmeralda
Lleno de besos en tus labios cálidos

Me gustaría tanto ser tu electrodo
En el terraplén donde los sueños se bordan
Despertar la pasión, poder deslumbrarte
Como dos electrones libres que se atraen

Y en la ciudad medieval, construir
La atracción ovalada, palacio del placer
Y a los deseos tan antiguos como Herodes
Cuando se elevan por la noche viejos rapsodas

Fin de semana en Rodas, escala a la moda
Nuestro epílogo, ambos juntos en exilio
El amor navega sobre la perla de las islas
En nuestro éxodo, fin de semana en Rodas…

Sur la pointe des perles

Hendécasyllabe

Se hisse l'iris où glisse le ruisseau
Qui suit le lit clair sur la pointe des perles
Coulisse parmi les jeunes arbrisseaux
Pour éperler la rive bordée de berles

Caprice du ciel gris, les pleurs en lambeaux
Finissent en pluie, sitôt qu'un flot déferle
Au tracé jadis qui sort de son berceau
L'eau fuit le lit clair sur la pointe des perles

Complice le temps esquisse un renouveau
Qui suit le lit clair sur la pointe des perles
Au fil de l'eau, à l'orée des caniveaux
S'évanouissent sanglots au chant du merle...

Sobre la punta de las perlas

Se alza el iris donde el arroyuelo desliza
Que sigue el lecho claro sobre la punta de las perlas
Entre los tiernos arbolitos fluctua
Para regar la orilla bordeada de berreras

Capricho del cielo gris, el llanto andrajoso
Se termina en lluvia, tan pronto como el flujo se allana
Al trazado antes que sale de su cuna
Sobre la punta de las perlas el agua huye el lecho claro

Cómplice el tiempo esboza un renacimiento
Que sigue el lecho claro sobre la punta de las perlas
Al filo del agua, al borde de las alcantarillas
Se desvanecen sollozos al canto del mirlo...

Deux Cygnes Drensitifs

Hendécasyllabe

Un rideau plumeux de roseaux tapisse
Les bords sinueux d'un grau artificiel
Où les lis d'eau valsent au tempo inertiel
Entre les interstices au vent plaintif

Fluctuant deux pantomimes complices
S'emploient aux ébats lyriques et sensuels
Déployant le blanc sublime de leurs ailes
Où ondoie un chant magique et festif

Ainsi s'entend au vent l'hymne drensitif
S'écumant le jour où les fleurs fleurissent
Tel l'amour tout court, vole vers l'essentiel

Au-delà des drèves, au-delà des ifs
La joie s'élève sur l'onde et glisse
Comme un rêve s'éclipse vers le ciel…

Drensitif : Qui a le chant du cygne

Dos Cisnes Drensitivos

Una cortina de plumas de cañas tapiza
Los bordes sinuosos de un cauce artificial
Donde los lirios de agua bailan al ritmo inercial
Entre los intersticios de la brisa lastimosa

Fluctuando dos pantomimas cómplices
Despliegan el blanco sublime de sus alas
Se dedican a las travesuras líricas y sensuales
Donde ondean canciónes mágicas y festivas

Así se entiende el himno drensitivo en la brisa
Cuando las flores florecen, haciendo espuma el día
Como el amor, vuela hacia lo esencial

Más allá de los tejos, más allá de la senda
La alegría se eleva sobre la onda y se desliza
Como un sueño se eclipsa hacia la pureza celestial...

Drensitivo : Que tiene el canto del cisne

La Féerie des Sansonnets

Du lever d'aurore au couchant rebelle
Sur l'estran où l'algue étire sur l'ambre
Flétrissant la vague au soir de décembre
Les étourneaux vifs dessinent des ombelles

Des figures esquissées qui se morcellent
Des arabesques cendrées qui se cambrent
Un orchestre ébénin qui se démembre
En morceaux furtifs lovant l'azuré du ciel

De ces tendres accords aux friselis d'ailes
S'entend la pure psalmodie aux oreilles
Unissant l'harmonie vibrante en éveil

Ô douces compositions qui émerveillent
Par de dives murmurations qui s'éveillent
Mêlant ombre, volupté, frisson en plein ciel…

La Magia de los Estorninos

Desde el amanecer hasta el atardecer rebelde
En la preplaya sobre el ámbar donde se estiran las algas
Marchitando la ola en la noche de diciembre
Los estorninos vivos dibujan umbelas

Figuras esbozadas que se desmoronan
Donde se arquean arabescos cenicientos
Orquestas de ébano que se desmiembran
En trozos furtivos que abrazan el azul de los cielos

De estos tiernos acordes con alas rizadas
En los oídos se escucha la pura salmodia
Uniendo el dinanismo en la vibrante armonía

Oh dulces composiciones que maravillan
Por divinas murmuraciones que despiertan
Mezclando sombra, voluptuosidad, escalofrío en pleno cielo…

Le ballet du silence

Hendécasyllabe

En dormance le doux ballet du silence
Sur l'étang drapé d'un fin châle d'argent
Est tombé du firmament et se condense
Dans les muets reflets étoilés changeants

Aucun bruit dans cette sourde ambiance
Seul, deux amoureux enlacés, gambergeant
Contemplent dans l'eau, une lune qui danse
Parmi les blêmes nénuphars surnageant

Puis le matin pointe son nez, émergeant
A travers les longs roseaux qui se balancent
Égayant l'orangé du ciel qui avance

Pourtant le silence devient dérangeant
Autant que la nuit reposée, en partance
Pour qu'à la fin, calmement, tout recommence...

El ballet del silencio

Durmiendo el dulce ballet del silencio
En el estanque drapeado con un fino chal plateado
Cayó del firmamento y se condensa
En los mudos reflejos estrellados cambiantes

Ningún ruido en este ambiente sordo
Solo, dos enamorados abrazados, pensando
Contemplan en el agua, una luna que baila
Entre los pálidos nenúfares sobrenadantes

Entonces la mañana aparece su nariz, emergiendo
A través de las largas cañas que se balancean
Alegrando el tono anaranjado de los cielos que avanzan

Pero el silencio se vuelve incómodo
Tanto como la noche descansada, con salida
Para que al final, con calma, todo comienza de nuevo...

Beauté Céleste

Hendécasyllabe

Dans l'eau, une lune muette éclaire
Les ronds dansants charmés d'un ciel étoilé
Où les rayons reflètent tout l'univers
Composé de nébuleuses dévoilées

Et parmi ce noir noyé de matière
Drapé dans un cocon outremer voilé
Un fin croissant révèle ses poussières
Exposant ses merveilles entoilées

Sur l'étang, lacté de reflets constellés
Où gravitent des galaxies pastellées
S'imaginent des rêves peinturlurés

Qui s'animent, devant des yeux azurés
Toute la beauté céleste capturée
Aux confins de l'immensité mantelée…

Belleza Celestial

Una luna muda ilumina en los aguas
Los círculos danzantes encantados de un cielo estrellado
Donde los rayos reflejan todo el universo
Compuesto de nebulosas reveladas

Y entre esta negrura ahogada en la materia
Envuelto en un capullo ultramarino velado
Un fino creciente revela su polvo
Exponiendo su maravilla entrelazada

Sobre el estanque, lechoso de reflejos constelados
Donde gravitan las galaxias pasteladas
Se imaginan sueños pintarrajeados

Que se animan, ante azules ojos
Toda la belleza celestial capturada
Hacia los confines de la inmensidad cubierta...

Magie Stellaire

duo

Quand tu t'endors, Ô ciel, tu refermes tes ailes
Tu balaies mes yeux de mille feux rougeoyants
Dansant au tempo fragile de tes chandelles
L'astre roi jette un drapé de tons chatoyants

À l'unisson, anges et démons se réveillent
Au cœur outremer de tes tulles étoilés
Révélant tes univers secrets, Ô merveilles
Qu'éclaire ton inquiétante amie voilée

Sur ma peau frémissante je sens un soufflet
Une étrange force invisible qui m'appelle, m'ensorcelle
Me régénère et me guide vers son reflet
Explosant sur la mare rendue devenue si belle

Ciel d'été, chemin d'espoir et maître absolu
Tu ranimes la flamme de vies délaissées
Tu les illumines de rêves irrésolus
D'un rai, poudre leurs paupières abaissées...

Magia Estelar

dúo

Cuando te duermes, Oh cielo, cierras tus alas
Estás barriendo mis ojos de mil rojizos luces
Bailando al ritmo frágil a la luz de tus velas
El astro rey arroja un manto de tonos brillantes

Al unísono, despiertan ángeles y demonios
En el corazón ultramarino de tus tules estrellados
Oh maravillas, revelando tus mundos secretos,
Que ilumine tu inquietante amiga velada

Yo siento un fuelle sobre mi piel temblorosa
Una extraña fuerza invisible que me llama, me hechiza
Me regenera y me guía a su reflejo
Explotando en el estanque que se ha vuelto tan hermoso

Cielo de verano, maestro absoluto y camino esperanzas
Reavivas la llama de vidas desamparadas
Los iluminas con sueños irresueltos
De un rayo, empolva sus párpados bajados...

Voile aux mille splendeurs

Attendant la venue brumeuse du matin
J'ai vidé mon âme de toute sa pudeur
Pour l'exposer à tes yeux, tel les embruns
Qui aurait étalé le charme de sa splendeur

En retirant le voile aux mille mirages
J'ai découvert mon cœur taché d'anathème
L'ai traîné dans la fange du marécage
Où vit mon esprit secoué de dilemmes

Mon âme épuisée par toutes ces souffrances
Je demandais si, à la grande faucheuse
Elle ne devait offrir son corps en allégeance

L'aube venue, mon cœur redevint clairière
Où fleurissent de douces pensées lumineuses
Ainsi ai-je retrouvé mon voile aux mille lumières...

Inmenso velo de mil esplendores

Esperando la llegada brumosa de las mañanas puras
Vacié mi alma de todo su pudor
Para exponerlo a tus ojos como salpicaduras
Que habría extendido el encanto de su esplendor

Al retirar el velo de los mil espejismos
Descubrí mi corazón manchado de las anatemas
Lo arrastré por el pantano lleno de limos
Donde vive mi espíritu sacudido por dilemas

Por todos estos sufrimientos, mi alma agotada
Pregunté si, a la gran Segadora aguda
No debería ofrecer en lealtad su cuerpo bermejo

El alba llegó, mi corazón volvió a ser un claro
Donde florecen dulces pensamientos resplandecientes
Así recuperé mi inmenso velo de mil luces brillantes...

Hymne à la Lune Rubescente

Sur la dune, est venue la lune cirrhosée
Éclipsant les nuées d'ombre au vent incessant
Au-dessus d'un océan sombre et mugissant
Où les grains de sable fin brassés sont arrosés

Soudain elle croît, éployant ses rayons amarrés
Pour épancher l'opalin flamboie au bain moussant
Entre les vagues ondulées et récifs perçants
Où les algues bercées bruissent au cours des marées

Ô belle lune pour toujours *yo te amaré
Lorsque la nitescence saigne, bouleversant
Lagune et dune, sur chacun de leurs versants

Quand Sélène a goûté au flux opalescent
Jusqu'à l'ébène empyrée et d'or chamarré
Où dans les flots s'est baigné mon cœur incandescent…

yo te amaré : Je t'aimerai

Himno a la Luna rubescente

Sobre la duna, la luna cirrótica vino
Eclipsando las nubes de sombra en el viento constante
Sobre un océano oscuro y rugiente
Donde el grano de arena fina está regado

De repente crece, desplegando sus rayos amarrados
Para derramar el opalino resplandor en el baño espumoso
Entre las olas onduladas y los arrecifes afilados
Donde en el curso de las mareas susurran los quelpos acunados

Oh hermosa luna para siempre yo te amaré
Cuando la nitescencia sangra, trastornando
Laguna y duna, en cada una de sus vertientes

Cuando Selene ha probado el flujo opalescente
Hasta el ébano empíreo y dorado chamuscado
Donde en las olas se bañó mi corazón incandescente…

Effacer une étoile

Pour effacer une étoile
Prendre une larme
Ou deux, ou trois ou quatre
Selon l'envie
La déposer
Sur un cœur en chiffon
Et frotter,frotter
Frotter
Jusqu'à user
Un coin de ciel
Et dans l'avenir rétro
Une autre étoile naîtra
De nouveau…

Borrar una estrella

Para borrar una estrella
Tomar una lágrima
O dos o tres o quatro
Según el deseo
Depositarla
Sobre un corazón de trapo
Y frotar, frotar
Frotar
Hasta que se desgasta
Un pedazo de cielo
Y en el futuro retro
Otra estrella nacerá
De nuevo...

Libre à vous d'en faire autant

Hendécasyllabe

Les blancs nuages dansent avec les vagues
Au loin, sur l'horizon des événements
Ils semblent boursoufler comme des airbags
Yoyotant sur l'océan noir doucement
Libre à vous d'imaginer ce beau moment

Les blancs nuages dansent avec les vagues
Pivotants sur l'horizon, virevoltants
Ils semblent musarder à faire des blagues
Irisant l'écume d'un blanc éclatant
Libre à vous de profiter de l'existant

Les blancs nuages dansent avec les vagues
Et percutent la lune de temps en temps
Mêlant la passion au jeu de la drague
S'aimer seulement, comme passe le temps
Libre à vous, finalement d'en faire autant...

Libre a ti, de hacer lo mismo

Las blancas nubes bailan con las olas libremente
A lo lejos, en el horizonte de los eventos
Parecen hincharse como bolsas de aire
Fluctuando en el oscuro océano despacito
Libre a ti, de imaginar este hermoso momento

Las blancas nubes bailan con las olas
Pivotando en el horizonte, revoloteando
Parecen callejear al hacer bromas
Irradiando la espuma de un blanco brillante
Libre a ti, de disfrutar de lo existente

Las blancas nubes bailan con las olas con gusto
Y percuten contra la luna de vez en cuando
Mezclando la pasión con el juego del flirteo
Amarse sólo, como pasa el tiempo
Libre a ti, finalmente de hacer lo mismo...

Prémonitions

Est-ce un rêve ou l'imagination ?
La passion court selon mon inspiration
J'ausculte un cœur, offrant ses pulsations
Drôle de saison pour des prémonitions

Sur le fil du temps à chaque lunaison
Mes rêves, mon corps sont en ébullition
Je te vois, te perçois comme l'illusion
Comme un printemps pour des prémonitions

Puis je te ressens lors de notre fusion
Impressions, sensations, émotions, union
Dans ma vision l'amour est la solution
Et le bonheur, une dive équation

Ô que j'aime tes mots, ta déclaration
Mille "Je t'aime" s'imprègnent en mention
Sur ma chair, tes baisers en élévation
Éclairent nos songes d'illumination...

Drôle de saison pour des prémonitions...

Premoniciones

¿Es un sueño o la imaginación?
La pasión corre según mi inspiración
Ausculto un corazón, ofreciendo sus pulsaciones
Temporada extraña para premoniciones

En el hilo del tiempo en cada lunación
Mis sueños, mi cuerpo están en ebullición
Te veo, te percibo como una ilusión
Como una primavera de una premonición

Entonces te siento en nuestra fusión
Impresiones, sensaciones, emociones, unión
En mi visión el amor es la solución
Y la felicidad, una divina ecuación

Oh, me gustan tus palabras, tu declaración
Mil "Te amo" se impregnan en mención
Sobre mi carne, tus besos en elevación
Aclaran nuestros sueños de iluminación...

Temporada extraña para premoniciones...

Mon Parapluie

Ouvert mon parapluie a une grande ampleur
Sa toile, de l'arc en ciel, a pris les couleurs
Ouvert mon parapluie me protège des pleurs
De l'effervescence du ciel, fuyant l'heure

Ouvert mon parapluie a la forme d'un cœur
Sur le fil suspendu, j'avance, comme un bateleur
Ouvert mon parapluie, balance parmi les chœurs
En dépit des oscillations, d'un vent vif et cavaleur

Ouvert mon parapluie a une grande pâleur
La nuit, il s'envole vers des rêves enjôleurs
Ouvert mon parapluie court vers un ailleurs
Où l'amour serait sur Terre, l'Essentielle Valeur...

Mi Paraguas

Abierto mi paraguas toma una gran envergadura
Su tela, del arco iris, tomó los colores bonitos
Abierto mi paraguas me protege de los llantos
De la efervescencia del cielo, huyendo la hora

Abierto mi paraguas esta sembrado de muchos corazoncitos
Yo avanzo, como un funámbulo sobre los hilos suspendidos
Abierto mi paraguas, balancea entre los coros
A pesar de las oscilaciones, vientos vivos y traviesos

Abierto mi paraguas adquiere un precioso tono pálido
Por la noche, vuela hacia un sueño encantador
Abierto mi paraguas corre hacia otro sitio, otro lado
Donde el amor estaría en la Tierra, el Esencial Valor...

La légende du Pont des Amours

Brelan, Poésie du XXI

Sous le pont des Amours
Embelli par les Belles de jours
Deux cœurs se sont aimés
Embrasés sous des cieux essaimés

Là, la légende s'est déployée
Parmi les flots du cours
Où rondinent les amants noyés
Sous l'éon de l'Amour

Et sous l'ample arche
Où la tendresse gondoline
En haut d'une marche
On embrasse sa Valentine

Sous le pont des Amours
Assailli par le lever du jour
Deux cœurs sont dessinés
Fleuris de deux noms accoquinés

Pour qu'ils s'aiment toujours
Sous le pont des Amours…

La leyenda del Puente de los Amores

Bajo el puente de los Amores
Embellecido por las flores azules
Se amaron dos corazones unidos
Abrasados bajo cielos sembrados

Allí, la leyenda se desplegó
Entre las corrientes del curso
Donde dan vueltas los amantes ahogados
Bajo los Amores iluminados

Y bajo el amplia arca
Donde la ternura gondolina
En lo alto de una escalinata
Besamos su Valentina

Bajo el puente de los Amores
Acosados por los amaneceres
Son dibujados dos corazones
Floridos de dos pegados nombres

Para que siempre duren sus uniones
Bajo el puente de los Amores...

Ton coin secret : Ton sourire

Triolet

Sur ta bouche en pulpe dorée
Mon doigt pointe tel un fleuret
Ce coin secret de tes sourires
Sur ta bouche en pulpe dorée
S'élance un désir de l'effleurer
Ce coin secret de tes sourires
Sur ta bouche en pulpe dorée
Mon doigt pointe tel un fleuret

Mes lèvres ont posé un baiser
Sur ta bouche en pulpe dorée
Chuchotant l'orée d'un poème
Mes lèvres ont posé un baiser
Se pâmant d'un désir bohème
Ravissant un esprit revigoré
Mes lèvres ont posé un baiser
Sur ta bouche en pulpe dorée

Où jaillit l'éclat de tes pensées
Des mélopées, aux cieux encensés
Trillées par l'alouette d'été
Où jaillit l'éclat de tes pensées
Bercé d'amour aux vers cadencés
Alliant beauté, grâce, volupté
Où jaillit l'éclat de tes pensées
Des mélopées, aux cieux encensés...

Tu rincón secreto : Tu sonrisa

En tu boca en pulpa dorada
Mi dedo apunta como un florete
Ese rincón secreto de tu sonrisa
En tu boca en pulpa dorada
Un deseo de rozarlo se abalanza
Ese rincón secreto de tu sonrisa
En tu boca en pulpa dorada
Mi dedo apunta como un florete

Mis labios han puesto un beso
En tu boca en pulpa dorada
Susurrando el umbral de un verso
Mis labios han puesto un beso
Palideciéndose de un bohemio deseo
Deleitando a un espíritu vigoroso
Mis labios han puesto un beso
En tu boca en pulpa dorada

Donde brota la chispa de tus pensamientos
Melopeas, de los cielos inciensados
Trilladas por la alondra de verano
Donde brota la chispa de tus pensamientos
Mecido de amor a los versos cadenciosos
Combinando sensualidad, gracia, alborozo
Donde brota la chispa de tus pensamientos
Melopeas, de los cielos inciensados...

Au parchemin de l'Amour

C'est grâce aux nobles manuscrits
Que les histoires d'amour s'étudient
Elles sortent des vieux grimoires
Comme un séculaire clavecin
Réitérant des notes méritoires
Pour évoquer l'amour de nos anciens

Sur les parchemins de l'amour
S'écrivait à l'encre des toujours
Tout comme nous ils aimaient
De la lumière, tributaires ils étaient
Comme l'amour s'élève au soleil
Dès qu'un rayon s'éveille

Avaient ils encore ce besoin
Quand couchés dans le foin
D'amour et d'aimer la vie
Ils roucoulaient alors ravis
Si cela ne nous est pas conté
C'est à nous de l'inventer...

Al pergamino del Amor

Es gracias a los nobles manuscritos
Que las historias de amor se estudien
De los viejos grimorios, ellas salen
Como un clavicordio centenario
Reiterando notas digno de elogio
Para evocar el amor de nuestros ancianos

Sobre los pergaminos del amor
Se escribía en la tinta del ardor
Al igual que nosotros amaban
De la luz, tributarios eran
Como el amor al sol se eleva
Tan pronto como un rayo se despierta

Tenían esa necesidad todavía
Cuando acostados en la paja
De amor y de amar la vida
Entonces se enamoraban de maravilla
Si esto no nos es contado
Así que tenemos que inventarlo...

À Cœur Battant

Un simple message,
Pour que ton souffle, façonne les nuages…

Mais ainsi s'en allaient les brumes de jeunesse
Emportant ton sourire aux portes de la nuit
Et moi je restais là, cloué contre ton huis
Cherchant l'or dans tes yeux où jadis la tendresse

La tendresse dansait comme nous nous aimions
La flûte du printemps, le vol des papillons
Le mépris du malheur, aux lèvres la chanson
De nous aimer toujours, Ô la douce oraison

Ô la douce oraison que la raison perdit
Dans les sentiers glacés où les autres guettaient
Le moment de cueillir les larmes emmêlées
De nos amours volées au chevet de leur lit

De ces heures volées de bonheur remboursées
Par nos larmes amères, je ne regrette rien
Mon adorable amour et mon rêve aérien
Si demain je devais ou renaître ou t'aimer

Mon amour, mon vaillant palpitant…
À nouveau, je t'aimerais, le cœur battant...

Con Corazón Latiendo

Algunos mensajes simples,
Para que tu aliento da forma a las nubes...

Pero así se iban las nieblas de juventud
A las puertas de la noche, llevando tu sonrisa
Y yo me quedaba allí, clavado contra tu ventana
Buscando el oro en tus ojos donde antes la plenitud

Como nos amábamos, la ternura bailaba
La flauta de primavera, el vuelo de la mariposa
El desprecio de la desgracia, a los labios la canción
De amarnos siempre, Oh la dulce oración

Oh la dulce oración que la razón perdió
Donde los demas acechaban en el sendero helado
El momento de recoger las lágrimas enredadas
De nuestros amores robados a pie de sus camas

De esas horas robadas de felicidad reembolsadas
Con nuestras amargas lágrimas, no me arrepiento
Mi adorable amor y mi sueño aéreo
Si debería o renacer o amarte varias mañanas

Mi amor, mi valiente corazón enamorado...
De nuevo, te amaría, con el corazón latiendo...

Aimer sous le couchant

À l'écume du soir la vague se dénoue
Nos ombres allongées, on n'en voit plus la tête
Les bateaux embrumés de la poupe à la proue
Et le seul cri certain est celui des mouettes

Qu'il est bon de rêver !

À l'incertain des mots répondent les corps chauds
Par de larges élans, comme des océans
Qui menacent le ciel de songes abyssaux
Et partent à l'assaut en éternels amants

Qu'il est beau le couchant !

Au reflet qui surgit de la lune à tes yeux
J'appose le miroir sans tain de mon regard
À tes lèvres se pose un cri silencieux
Nos mains font un anneau scellé dans le hasard

Qu'il est doux de t'aimer !...

Amar hasta la puesta del sol

A la espuma de la noche la ola se desata
Nuestras sombras alargadas, no se ve la cabeza
Los barcos nublados de popa a proa
Y el único grito seguro es el de la gaviota

¡Qué es genial soñar!

A la incertidumbre de las palabras responden los cuerpos calientes
Con mayores impulsos, como océanos
Que amenazan el cielo con sueños abismales
Y salen al asalto como amantes eternos

¡Qué guapo son los ponientes!

Al reflejo que surge de la luna a tu ojo cariñoso
Yo coloco el espejo de mi mirada para gozar
A tus labios se posa un grito silencioso
Nuestras manos hacen un anillo sellado en el azar

¡Qué es dulce amarte!...

Des petits morceaux de papier

Des petits morceaux de papier
Tombent du ciel et sur le bois
De là-haut des génies discrets
Secouent des nuages de soie

D'en bas les arbres sont si hauts
Tous couverts d'un fin duvet blanc
D'en bas les arbres sont si beaux
En hiver sous un ciel étincelant

Des petits cristaux de papier
Tombent du ciel et sur le bois
D'ici les ramures enneigées
Bercent un ciel pétri de froid

D'en bas les arbres sont si hauts
Tous protégés dans ce fluide cocon
Et pourtant immenses au ciel indigo
Enveloppé de millions de flocons

Des petits morceaux de papier
Neigent au ciel et sur le bois
De là-haut des géants discrets
Allègent des édredons de soie…

Trozos de papel pequeñitos

Trozos de papel pequeñitos
Caen del cielo y sobre la floresta
Desde arriba, genios discretos
Agitan nubes de seda

Desde abajo los árboles son tan altos
Todos cubiertos de un fino plumón blanco
Desde abajo los árboles son tan hermosos
En invierno bajo un cielo luminoso

Cristales de papel pequeñitos
Caen del cielo y sobre la floresta
De aquí la rama nevada
Mece los cielos congelados

Desde abajo los árboles son tan altos
Todos protegidos en este capullo fluido
Y sin embargo, inmensos en el cielo índigo
Envuelto en millones de copos

Trozos de papel pequeñitos
Nevan en el cielo y sobre la floresta
Desde arriba, gigantes discretos
Aligeran edredones de seda…

Le cygne porte l'hiver

Pantoum

Le cygne porte l'hiver sur les ailes
Par des vols gracieux et fugaces
Au lac gelé effleurant la surface
Plumes et flocons blancs se mêlent

Par des vols gracieux et fugaces
Deux cygnes majestueux étincellent
Plumes et flocons blancs se mêlent
Dans un ballet d'une infinie grâce

Deux cygnes majestueux étincellent
Ils pendulent, ondulent et s'enlacent
Dans un ballet d'une infinie grâce
Sur les flots chantants et rebelles

Ils pendulent, ondulent et s'enlacent
Pétales d'ailes comme deux ombelles
Sur les flots chantants et rebelles
Au bal du temps qui passe et s'efface

Pétales d'ailes comme deux ombelles
Neigeant d'immaculé qui les embrasse
Au bal du temps qui passe et s'efface
Le cygne porte l'hiver sur les ailes...

El cisne lleva el invierno

Pantún

El cisne lleva el invierno sobre las alas
Mediante vuelos graciosos y fugaces
Al lago helado rozando las superficies
Se mezclan copos blancos y plumas

Mediante vuelos graciosos y fugaces
Dos cisnes majestuosos que brillan
Plumas y copos blancos se mezclan
En la gracia eterna de los bailes

Dos cisnes majestuosos que brillan
Cuelgan, ondulan y se entrelazan
En la eterna gracia de los bailes
En las olas que cantan y se rebelan

Cuelgan, ondulan y se entrelazan
Pétalos de alas como dos umbelas
En las olas que cantan y se rebelan
En el ballet del tiempo que pasa y se borra

Pétalos de alas como dos umbelas
Nevando de inmaculado que les abraza
En el ballet del tiempo que pasa y se borra
El cisne lleva el invierno sobre las alas...

Je viendrais

Je viendrais te chercher par un matin d'automne
Quand le bel oiseau dort encore sous la ramée
Quand le vent chargé d'eau se tresse des couronnes
De feuilles envolées

Je viendrais tout couvert du givre des aurores
Étincelant d'azur et d'un tendre feuillage roux
Quand le soleil naissant d'une poussière d'or
Pare ses rayons doux

Je viendrais te chercher en ta chaumière blonde
Et tu te vêtiras sans doute d'une hivernale parure
Puis nous irons tous deux en l'automne du monde
Chercher un coin d'azur…

Yo vendría

Yo vendría a buscarte en una mañana de otoño
Cuando bajo la rama todavía duerme el hermoso pájaro
Cuando el viento cargado de agua se trenza coronas
De hojas voladoras

Yo vendría todo cubierto de escarcha de la aurora
Deslumbrante del azul cielo y un tierno follaje rojizo
Cuando el sol naciente de un polvo de oro
Con sus suaves rayos sonroja

Yo vendría a buscarte en tu cabaña rubia
Y con un atavío invernal te vestirás sin duda
Luego iremos juntos al otoño del mundo
Buscar un rincón azulado…

Les Iris

A nuls autres pareils fleurissent ces éclats
Comme des améthystes, les iris, ici-bas
S'épanouissent au soleil dans le jardin
Et ondulent, légers, en la brise du matin

Les larges pétales violets resplendissent
Comme des améthystes, là-bas, les iris
Où jaillissent leurs fleurs couronnées
Parmi la rosée fraîchement déposée

Dans l'océan de verdure et de fragile soie
Enveloppé d'un fin parfum subtil, ici-bas
Comme des améthystes, les iris d'apparat
Développent la parure du velours délicat

L'inflorescence violacée, avec amour ciselée
Réapparaît toujours, comme chaque année
Comme des frêles artistes, là-bas, les iris
Qui, d'un doux bonheur nous emplissent

Et bercent les yeux et charment le cœur
Pendulent les iris, au soleil, aux parme fleurs
Comme des frêles artistes, les iris, ici-bas
A nuls autres pareils fleurissent ces éclats...

Los Iris

Ningunos otros florecen como estos destellos
Como amatistas, los iris, aquí en la tierra
Se abren al sol en los huertos
Y ondulan, ligeros, en la brisa de la mañana

Resplandecen los anchos pétalos violetas
Como amatistas, los iris, por allá
Donde brotan sus flores coronadas
Entre el rocío recién depositado

En el océano de verdura y de frágil seda
Envuelto en un fino perfume sutil, aquí abajo
Como amatistas, los iris de gala
Despliegan el adorno del terciopelo delicado

La inflorescencia violácea, con amor cincelada
Reaparece siempre, como cada año
Como frágiles artistas, los iris, por allá
Que, nos llenan de un dulce encanto

Y encantan el corazón y mecen el ojo
Se balancean los iris, al sol, a las flores púrpuras
Como frágiles artistas, los iris, aquí abajo
Ningunos otros florecen como estos destellos…

Sonnet à la Rose

Effeuillant chaque jour une rose d'espoir
J'ai baptisé d'un prénom la fleur divine
Liant le cœur au pétale grenadine
D'un amour satiné se tissant jusqu'au soir

Au jardin d'Orient s'épanouit notre histoire
Le serment d'un baiser de candeur purpurine
Convole vers Atlas, louange célestine
Tel l'alcyon captif des rivages d'ivoire

Asservir à mon âme dans ces rêves illusoires
Ses lèvres m'ont serti le front tant ces moires
L'ont paré de pureté d'une perle fuchsine

Ton nom aimé s'est rivé en ma mémoire
Où sont sacralisés de centuples vouloirs
Unissant la grâce d'une héroïne…

Soneto a la Rosa

Deshojando cada día una rosa de esperanza
Yo bauticé con un nombre a la flor divina
Uniendo el corazón al pétalo granadina
De un amor satinado que se teje hasta la mañana

En el jardín de Oriente florece nuestra historia
El juramento de un beso de candor púrpura
Convola hacia Atlas, celestial alabanza
Como el alción cautivo de las costas de magia

Someter a mi alma en esos sueños ilusorios
Sus labios me han engarzado la frente tanto estos reflejos
Lo han adornado con la pureza de una perla fucsia

Tu nombre amado se ha grabado en mi memoria
Donde están sacralizados cientos de deseos
Uniendo la gracia de una heroína…

Aux couleurs des saisons

Une virgule, une pause
Dans la saison du matin blanc
L'invitation d'une rose
Au nu des parfums de printemps

Un espace, un interlude
Dans la saison du matin gris
Au violon d'un prélude
Où ses pétales se font pluie

Un répit, un silence
Dans la saison du matin bleu
Où bourgeons d'innocence
Ont convaincu l'esprit du feu

Un instant, une seconde
Dans la saison du matin noir
Elle mue sa couleur féconde
Et s'habille d'une autre histoire...

A las colores de las temporadas

Una coma, una pausa
En la temporada de la mañana crema
La invitación de una rosa
Al desnudo de las fragancias de primavera

Un espacio, un interludio
En la temporada de la mañana fuscia
Al violín de un preludio
Donde sus pétalos se hacen lluvia

Un respiro, un silencio
En la temporada de la mañana índigo
Donde los botones en el espacio
Han convencido al espíritu del fuego

Un momento, un segundo
En la temporada de la mañana negra bujía
Ella muda su color fecundo
Y se viste con otra historia...

Quatre Saisons d'Amour

Je voulais t'offrir des poésies sublimes
Des poèmes n'ayant pas été écrits
Au printemps j'ai cultivé de dives rimes
Parmi les fleurs et chaque vers a fleuri

J'ai voulu te conter de belles romances
A l'orée de l'océan, sous un ciel bleu
Dans l'or du sable j'avais écrit des stances
Les flots les ont lues, les ont gardées pour eux

Un soir d'automne afin de t'être agréable
Mes notes, en balade, ont pris leur envol
Pareille à la feuille pourprée de l'érable
Portées au vent, en tapissèrent le sol

Puis l'hiver est venu par un clair matin
Et là, divers oiseaux dans l'essor du jour
Rassemblés au ciel, sur un blanc parchemin
Ont tracé pour toi, un bel hymne d'amour...

Cuatro Estaciones de Amor

Quería ofrecerte una poesía sublime
Poemas que nunca fueron escritos
En la primavera, divinas rimas yo cultivé
Entre las flores y cada verso floreció

He querido contarte un bello romance
En el borde del océano, bajo la bóveda celeste
En el oro de la arena había escrito estrofas
Las olas las leyeron, las guardaron para ellas

Una tarde de otoño para serte agradable
Mis apuntes, de paseo, han tomado su vuelo
Similar a la hoja púrpura del arce
Llevadas al viento, tapizaron el suelo

Entonces el invierno vino en una mañana clara
Y allí, varias aves en el resplandor del día
Reunidos en el cielo, sobre un pergamino blanco
Han marcado para ti, un himno de amor hermoso...

Baiser du Printemps

Les prairies d'avril épandent leurs essences
Mêlées de pollen au velours des couleurs
Les oiseaux, au maquis, trillent des romances
Dans l'euphorie des fins brins d'air sur les fleurs

Aux jardins fleuris les couronnes de roses
Blanches, carmin à côté des dahlias
Dressent leurs douces soieries grandioses
Envoûtant de passion les camélias

Au baiser du printemps se vêt la nature
Les vergers enrichis de corolles naines
Dessinent des broderies sur leurs ramures
Où les papillons en ont fait leurs domaines

Le poète alors charmé sous l'arbrisseau
Ouvre son carnet aux rayons de lumière
Et sa plume glissante tel un ruisseau
Écrit de tendres vers extraordinaires...

Beso de la Primavera

Los prados de abril esparcen sus esencias
Mezcladas de polen al terciopelo de los colores
Los pájaros, en el maquis, trillan romances
En la euforia de las finas hebras de aire sobre las flores

A los jardines floridos las coronas de rosas
Blancas, carmín al lado de las dalias
Levantan sus suaves sederías grandiosas
Fascinante de pasión las camelias

Al beso de la primavera se viste la naturaleza
Los manzanares enriquecidos con corolas enanas
Dibujan bordados en sus ramas
Donde las mariposas hicieron sus esferas

El poeta entonces encantado bajo el arbusto
Abre su libreta a los rayos luminosos
Y su pluma resbaladiza como un arroyo
Escribe versos tiernos y extraordinarios...

L'or de l'été indien

Sur la bure du lointain
Les hêtres sont rouilles
Les feuilles se souillent
Du teint d'été indien

Septembre *avertin
Peu à peu dépouille
La verdeur grenouille
Des pleurs du matin

Sous l'azur des embruns
Un océan se mouille
Au soleil citrouille
Et rejoint l'ambre brun

Et la nature geint
Quand le vent vadrouille
Septembre gribouille
L'or d'un été indien...

avertin : maladie de l'esprit, folie

El oro del verano indio

Sobre el sayal del lejano
Son herrumbre las hayas
Se ensucian las hojas
Con el tinte de verano indio

Septiembre en locura
Poco a poco despoja
La verdor rana
Del llanto de la mañana

Bajo el azul de la salpicadura
En el sol calabaza
Se moja un océano
Y se une al ámbar pardo

Y gime la naturaleza
Cuando deambula el viento
Septiembre garabatea
El oro de un verano indio…

Crépuscule d'été

Fin d'un beau jour d'été voici le crépuscule
Qui met sur la campagne un tendre apaisement
Tout s'estompe déjà sous le rideau de tulle
Qui semble réunir la terre au firmament

Dans l'air lourd de senteurs où quelques libellules
Font encore palpiter leur archet languissant
Un concert assourdi que mille voix modulent
S'élève un doux prélude, à la nuit qui descend

Le chant de la cigale au chant des blés se mêle
Dans un parfait accord et le pâle asphodèle
Frisonne en sa clarté sur l'ombre des tombeaux

Hymne divin du soir, imposante harmonie
Aux tons atténués si graves et si beaux
Mon cœur avec vous vibre dans cette symphonie...

Crepúsculo de verano

Al final de un hermoso día de verano, aquí está el crepúsculo
Que pone en el campo un suave apaciguamiento
Todo ya se desvanece bajo el manto de terciopelo
Que parece unir la tierra con el firmamento

En el aire cargado de aromas donde una libélula
Todavía hace palpitar su arco lánguido
Y mil voces modulan un concierto ensordecido
A la noche que desciende, un dulce preludio se eleva

El canto de la cigarra con el canto del trigo se mezcla
En perfecta armonía y el pálido asfódelo
En su claridad sobre la sombra de las tumbas tiembla

Himno divino de la noche, imponente armonía
Con tonos atenuados tan graves y hermosos
Mi corazón vibra contigo en esta sinfonía…

Flambée d'or dans la plaine

Sous l'étoffe d'azur d'un ciel nu et sage
Un sentier blanc courait au flanc d'un vert coteau
De tout voir à l'envers, d'un étang, riait l'eau
La pointe d'un clocher clouait le paysage

Le soleil de juillet accablait le feuillage
Des hautes frondaisons, par-delà le hameau
Et l'on aurait pu croire à la mort de l'ormeau
S'il n'avait dispensé, solitaire et sans âge

La tiédeur de son ombre aux vieillards assoupis
Au bois piqué des bancs qui semblaient accroupis
Le menton appuyé sur leur canne d'ébène

Au loin, dans la moiteur, des femmes sous l'effort
Précédées des faucheurs, dressaient des gerbes pleines
Et la plaine flambait de monticules d'or...

Llamarada de oro en la llanura

Bajo la tela azul de un cielo desnudo y sabio
Un sendero blanco corría por la ladera verde
De ver todo al revés, de un estanque, reía el agua frio
La punta de un campanario clavaba el paisaje

El sol de julio agobiaba del follaje
De las altas frondosidades, más allá del caserío
Y uno podría pensar en la muerte del algarrobo dulce
Si no hubiera dispensado, sin edad y solitario

La tibieza de su sombra a los viejos adormecidos
A la madera picada de los bancos que parecían en cuclillas
El mentón apoyado en su caña de ébano

A lo lejos, en la humedad, las mujeres bajo los efuerzos
Precedidas por los segadores, levantaban gavillas llenas
Y la llanura irradiaba montículos de oro...

Septembre

Sur l'aile du zéphyr qui jase et vagabonde
Passe l'odeur des foins aux reflets diaprés
Septembre resplendit et la récolte abonde
Par les champs et les prés

Les fruits mûrs et dorés jonchent la terre féconde
Les prunelles sauvages envahissent les buissons
Et le soleil qui poursuit sa course autour du monde
S'embrase à l'horizon

C'est l'heure où le troupeau quittant le pâturage
Regagne son étable et longe les vergers colorés
Scrutant d'un regard clair, le ciel pour présage
Chemine solitaire le berger

Un grand apaisement doux et mélancolique
S'étend sur les sentiers, la campagne et les bourgs
La cloche d'une église au vieux clocher gothique
S'égrène aux alentours...

Septiembre

Sobre el ala del céfiro que habla y vagabundea
Pasa el olor de los henos con reflejos matizados
Septiembre resplandece y la cosecha abunda
Por los campos y los prados

Los frutas maduras y doradas cubren el suelo fecundo
Los matorrales son invadidos por la endrina salvaje
Y el sol que sigue su curso alrededor del mundo
Se enciende en el horizonte

Es la hora en que el rebaño dejando los pastos
Regresa a su establo y bordea los coloridos huertos
Escudriñando con una mirada clara, el cielo para presagio
Camina el pastor solitario

Un gran apaciguamiento suave y melancólico
Se extiende sobre los senderos, el campo y las valles
La campana de una iglesia con el antiguo campanario gótico
Se desgrana en los alrededores...

L'Amour de l'Automne

Un incendie de couleurs flamboie
Teinté de pourpre, d'or et de feu
Lorsque l'aurore naît sur les bois
Apparaît un trésor lumineux

Teinté de pourpre, d'or et de feu
Un festival de feuilles tournoie
Apparaît un décor lumineux
Au cœur des rafales qui festoient

Des pétales de feuilles tournoient
S'entrechoquant, radieux jusqu'aux cieux
Au cœur d'un idéal qui festoie
S'ente un chant d'amour merveilleux

Virevoltant, radieux jusqu'aux cieux
Plusieurs oiseaux aux ailes de soie
Chantent un chant d'amour somptueux
Qui enflamme l'automne de joie

Et maints oiseaux aux ailes de soie
Teintés de pourpre, d'or et de feu
Enflamment l'automne d'autrefois
D'un exploit de couleurs qui émeut…

El Amor del Otoño

Un incendio de colores resplandece
Teñido de púrpura, oro y fuego
Cuando en el bosque la aurora nace
Aparece un tesoro luminoso

Teñido de rojizo, oro y fuego
Carnavales de hojas se arremolinan
Aparece un paisaje luminoso
En el corazón de las ráfagas que festejan

Pétalos de hojas se arremolinan
Entrechocando, radiante hasta el cielo
En el corazón de los ideales que festejan
Se acopla un canto de amor maravilloso

Revoloteando, radiante hasta el cielo
Varios pájaros con alas de seda
Cantan un canto de amor suntuoso
Que enciende el otoño de alegría

Y muchos pájaros con alas de seda
Teñidos de púrpura, oro y fuego
Encienden el otoño en abundancia
De una hazaña de colores que conmueve solo...

Palette automnale

Les arbres en coucher de soleil
Débordent sur l'horizon du soir
Et bientôt quand la nuit se réveille
Toutes ombres viennent à échoir

La palette d'automne émerveille
Et se transforme en onde de moire
Quand les charmes tristes ont sommeil
A l'orée des chemins sans histoire

Balade de feuilles qui gambade
Entre les soupirs parmi les touffes
Vaines prières qu'un vent étouffe

L'automne prend des airs de malade
Les diverses lueurs sur les souches
Donnent la mort par petites touches...

Paleta otoñal

Los árboles al atardecer
Desbordan sobre el horizonte de la tarde
Y pronto cuando se despierta la noche
Todas las sombras vienen a caer

Se maravilla la paleta de otoño
Y en una oleada de moaré se transforma
Al borde de los caminos sin historia
Cuando los carpes tristes tienen sueño

Paseo de hojas que retoza
Entre los suspiros entre los mechones
Que un viento ahoga en vanas oraciones

El otoño toma aires de enfermo
Las diversas luces sobre los tocones
Dan la muerte con pequeños toques...

Prélude d'automne

Au soleil de midi je rêve d'un automne
Berçant l'infini et d'agonisantes couleurs
De feuilles jaunies, recourbées par la chaleur
Bordant le prélude à la vie qui paonne

Au crépuscule je rêve d'un soir carbone
Quand les volatiles achèvent un chant charmeur
De subtils concerts chamarrés de brève langueur
Bornant le torrent amarré d'un flux synchrone

Au clair de lune, je rêve à la nuit lapone
Scintillant d'une voûte étoilée de blancheur
Où se mêle le rêve aux divines splendeurs

Et là, près de ma brune parmi mille senteurs
Cœur contre cœur, je rêve d'un exaltant bonheur
Où l'amour graverait son prélude d'automne…

Preludio de otoño

Al sol del mediodía yo sueño con otoño
Meciendo el infinito y agonizantes colores
De hojas amarillentas, curvadas por el calor
Bordeando el preludio a la vida que pavonea

Al crepúsculo yo sueño con una noche de carbón
Cuando los pájaros terminan un canto mágico
De sutiles conciertos matizados de breve languidez
Limitando el torrente acoplado de un flujo sincrónico

A la luz de la luna, yo sueño con la noche lapona
Centelleando de una bóveda estrellada de blancura
Donde el sueño se mezcla con el esplendor divino

Y allí, cerca de mi compañera entre mil olores
Corazón a corazón, yo sueño con una felicidad exaltante
Donde el amor grabaría su preludio de otoño...

Joyaux d'automne

Voici venu le temps de la métamorphose
Les parcs et les jardins ont cessé de fleurir
Changeant leur éclat pour procurer du plaisir
Une poésie neuve où s'impose l'osmose

Le prisme d'aurore nous montre ces beaux jours
Et revient nous offrir les joyaux de l'automne
Dans un plus beau décor, parfois même il étonne
Par son côté magique et ses plus beaux atours

Paysage étonnant, de saison automnale
Qui embellit nos jours, somnolant, il s'endort
Se préservant du gel sur son feuillage d'or
Afin de subsister à la trêve hivernale

Demeurant à rêver à son ramage vert
Ce milieu naturel se repose et sommeille
Offrant un trésor avec un motif vermeil
Pour pouvoir résister aux frimas de l'hiver...

Alhajas del otoño

Ha llegado el momento de la metamorfosis
Los parques y jardines han dejado de florecer
Cambiando su brillantez para dar placer
Una poesía nueva donde se impone la ósmosis

El prisma del alba nos muestra estos días esplendidos
Y vuelve a ofrecernos las alhajas del otoño
A veces incluso sorprende, en un escenario más hermoso
Por su lado mágico y sus más bellos atuendos

Paisaje sorprendente, de temporada otoñal
Que embellece nuestros días, somnoliento, se queda dormido
Preservándose de las heladas sobre su follaje dorado
Para sobrevivir a la tregua invernal

Exponiendo un tesoro con un bermejo diseño
Este entorno natural se descansa y duerme
Permaneciendo soñando con su ramaje verde
Para poder resistir a las heladas del invierno…

Vigne de vie

Brelan, poésie du XXI

Tout au bord du chemin
Bordé d'arbustes *olivéens
Septembre souligne
Les couleurs d'ambre de la vigne

Des traits et des lignes
Rectilignes ou curvilignes
Imprégnés sur les feuilles carmin
Éclipsés du raisin

Quand l'automne roux égratigne
Le velours vert, commun
S'ancre la maladie bénigne
Tout le long du chemin

Chaque grain trépigne
Espérant la vendange, demain
Attendant un signe
Serein, comme la main du destin

Des traits et des lignes
Estampillés d'âmes malignes
Comme ceux de la main
Où l'esprit déborde sur demain

La vie, un insigne
Que l'automne rouille grafigne...

olivéen : qui a la couleur de l'olive

Viña de vida

Trío, poesía del siglo XXI

En la orilla de los caminos
Bordeado de arbustos olivinos
Septiembre subraya
Los colores de ámbar de la viña

Líneas y trazos
Rectilíneos o curvilíneos
Impregnados en la hoja ecarlata
Eclipsados por la uva

Cuando el otoño rojo rasguña
El terciopelo verde, compartido
Se ancla la enfermedad benigna
A lo largo del camino

Cada grano patalea
Esperando la vendimia, mañana
A la espera de un signo
Sereno, como la mano del destino

Líneas y trazos
Estampillados por alma maligna
Como los de las manos
Donde la mente desborda en mañana

La vida, un emblema
Quel el otoño herrumbroso araña...

Novembre chante un requiem

Villanelle

Les cloches résonnent au loin
Novembre chante un requiem
Pour les morts et les défunts

En chœur s'ente le refrain
Supplique sur le même thème
Les cloches résonnent au loin

En ce jour de la Toussaint
On offre des chrysanthèmes
Pour les morts et les défunts

Au vent geignent les chagrins
Comme des liturgies que l'on sème
Les cloches résonnent au loin

Les nonnes prient le divin
Toutes communient en tandem
Pour les morts et les défunts

Pour les âmes et tous les saints
Novembre chante un requiem
Les cloches résonnent au loin
Pour les morts et les défunts...

Noviembre canta un réquiem

Villanelle

Las campanas resuenan a lo lejos
Noviembre canta un réquiem
Para los muertos y los difuntos

En coro se injerta el estribillo
Súplica sobre el mismo tema
Las campanas resuenan en la distancia

En este día de Todos los Santos
Se ofrecen crisantemos
Para los muertos y los difuntos

En el viento gimen las penas
Que se siembran como liturgias
A los lejos resuenan las campanas

Las monjas rezan los santos
Todas comulgan en tándem
Para los muertos y los difuntos

Para las almas y todos los santos
Noviembre canta un réquiem
Las campanas resuenan a lo lejos
Para los muertos y los difuntos…

Harmonie du soir

Pantoum stylisé

Quand le rose du ciel autour du Peñon encense le soir
S'égrènent les heures d'une mélancolie d'automne
Où les églantines blanches doucement fanfaronnent
Et illuminent le sentier comme des allumoirs

S'égrènent les heures d'une mélancolie d'automne
Les rais du soleil s'évaporent au fin crêpe ivoire
Et illuminent le sentier comme des allumoirs
Parmi les bruyères d'octobre qui bourgeonnent

Les rais du soleil s'évaporent au fin crêpe ivoire
Dans l'harmonie du soir où deux âmes s'abandonnent
Parmi les bruyères d'octobre qui bourgeonnent
Quand mille fleurs roses luisent comme un espoir

Dans l'harmonie du soir où deux âmes s'abandonnent
Se mêlent au vent les sifflements des merles noirs
Quand mille fleurs roses luisent comme un espoir
Jaillit la passion où les sentiments tourbillonnent

Se mêlent au vent les sifflements des merles noirs
Fuyant l'agonie du soir que deux étoiles sillonnent
Jaillit la passion où les sentiments tourbillonnent
Quand le rose du ciel autour du Peñon encense le soir…

Armonía del atardecer

Pantún estilizado

Cuando el rosa del cielo alrededor del Peñón inciensa el crepúsculo
Las horas de una melancolía de otoño se desgranan
Donde los escaramujos blancos suavemente fanfarronean
Y como alumbradores iluminan el sendero

Las horas de una melancolía de otoño se desgranan
Los rayos del sol en el fino crepé marfil se evaporan despacito
Y como alumbradores iluminan el sendero
Entre los brezos de octubre que brotan

Los rayos del sol en el fino crepé marfil se evaporan
Donde dos almas se abandonan en la armonía del crepúsculo
Entre los brezos de octubre que brotan
Cuando mil flores rosas brillan como un anhelo

En la armonía de la noche donde dos almas se abandonan
Se mezcla al viento los silbidos del negro mirlo
Cuando mil flores rosas brillan como un anhelo
Surge la pasión donde los sentimientos giran

Se mezcla al viento los silbidos del negro mirlo
Huyendo de la agonía de la noche que dos estrellas surcan
Surge la pasión donde los sentimientos giran
Cuando el rosa del cielo alrededor del Peñón inciensa el crepúsculo...

Peñon d'Ifach

Rombelle, Poésie du XXI

Quand le *Peñon s'épanouit dans la brume
Et la mer se savonne, blanchie d'écumes
Au vent l'air gémit, les nuages fument
La grisaille rit sur ses flancs qui s'allument

Comme la brumaille déplie son amertume
Octobre dépérit sur les bois de grume
Quand le Peñon s'épanouit dans la brume
Et la mer se savonne, blanchie d'écumes

A l'heure chérie où le ciel s'enrhume
Calpe se botillonne, fleurit son bitume
Et la mer se savonne, blanchie d'écumes
Quand le Peñon s'évanouit dans la brume

Et lorsque finit la moisson des agrumes
Aux heures bénies, fleurit la commune
Chrétiens et Maures réunis de coutume
Le défilé se décore de costumes et plumes

Et la mer se savonne, blanchie d'écumes
Quand le Peñon s'évanouit dans la brume…

Peñon : Peñón d'Ifach situé à Calpe en Espagne

Peñón de Ifach

Rombella, Poesía del siglo XXI

Cuando el Peñón se ilumina en las brumas
Y el mar se enjabona, blanqueado de espumas
Al viento el aire gime, las nubes humean
La grisalla ríe en sus vertientes que se alumbran

Como la llovizna despliega su amargura
Sobre los árboles abatidos octubre se desmejora
Cuando el Peñón se ilumina en las brumas
Y el mar se enjabona, blanqueado de espumas

En la hora querida donde se resfría el cielo
El botellón se ubica en Calpe, florece su suelo
Y el mar se enjabona, blanqueado de espumas
Cuando el Peñón se difumina en las brumas

Y cuando se termina la cosecha de los cítricos
A las horas benditas, florecen las comunas
Reunidos por costumbre Moros y Cristianos
El desfile se decora con trajes y plumas

Y el mar se enjabona, blanqueado de espumas
Cuando el Peñón se difumina en las brumas...

Avec mon cœur, de Calpé

Un soleil jovial darde ses lumières lustrales
Sur la place où l'ennui envahit les terrasses
Sous l'œil indifférent d'un flot d'oiseaux fugaces
Qui s'envolent en chœur vers le ciel matinal

Dans les rues imprégnées d'un calme minéral
Où les rideaux tirés suggèrent des espaces
Un rire torrentiel subitement fracasse
Le ténébreux silence aux senteurs florales

Une fanfare entonne une chanson limpide
Qui répand prestement un espoir splendide
Dans les cœurs endormis des sombres citoyens

Grisés par leurs désirs, deux amoureux, échappés
Tendrement enlacés sur un banc d'un jardin
Creusent un puits de joie au cœur de *Calpé...

Calpé : Calpe, village en Espagne (Costa Blanca)

Con mi corazón, de Calpe

Un sol jovial ilumina sus luces lustrales
En le plaza donde las terazas están invadidas por el aburrimiento
Baja la mirada indiferente de un flujo de aves fugaces
Que vuelan en coro hacia el cielo matutino

En las calles impregnadas de quietudes minerales
Donde la cortinas cerradas se descubren el espacio
Súbitamente, estallan, algunas risas torrenciales
Con aromas florales, el oscuro silencio

Una fanfarria entona una canción límpida
Que propaga prestamente una esperanza espléndida
En los corazones dormidos de los ciudadanos tenebrosos

Cautivados por sus deseos, dos amantes, escapados
Tiernamente en un banco de un jardín abrazados
En el corazón de Calpe cavan un pozo de amor atrevido...

L'amour comme océan de neige

Univers d'eau mouvant
Un chant d'amour du vent
Fleurs de sel sur mes doigts
Frissons limbés dans ma voix

L'amour traîne en maraude
Quand la mer toujours l'attend
Vagues en livrée émeraude
Et remous en capeline d'argent

Les embruns de porcelaine
S'enguirlandent d'écumes
Ou peut-être comme la laine
Des flocons, étoiles plumes...

Embrasement du temps
Emmêlant ses brumes d'autant
Plus qu' incertain dans un présent
Des mirages peuplent l'horizon
Folies et beautés dans l'émotion

Et que sais-tu, et que n'ai-je
Où l'hiver, ce matin se paysage
Dans un vertige de ciel sans nuage
Épouse la mer vêtue de neige...

El amor como océano de nieve

Universo de agua en movimiento
Un canto de amor al viento
Flores de sal en mis dedos
En mi voz escalofríos lindos

El amor merodea
Cuando el mar siempre le espera
Olas de librea esmeralda
Y remolinos en capelina de plata

Las salpicaduras de porcelana
Se adornan de espumas
O quizás como la lana
Copos, estrellas plumas...

Conflagración del tiempo
Enredando su propia corazón
En un presente más que incierto
Espejismos que pueblan los horizontes
Locuras y bellezas en la emoción

Y qué tú sabes tú y qué no tengo yo
Donde esta mañana se paisaje el invierno
En un vértigo de cielo sin nube
Se casa con el océano vestido de nieve...

L'amour dans les limbes du passé

Ô, regarder la mer qui toujours recommençait
Et berçait nos regards aux frontières du vent
Et battait, comme un cœur, un coup noir, un coup blanc
Dans le sang de ses profondeurs que le soleil perçait

Gésir sur un nuage, saisir à bras-le-corps
L'étoile de passage aux yeux des cormorans
Façonner de ton corps l'albâtre au cri mourant
Tel était mon désir que la mer porte encore

Appuyés sur le temps qui se dérobe et fuit
Nous avons dérivé au large de l'espoir
Jusqu'aux eaux furieuses d'un océan noir
Qui fit de nos vaisseaux des épaves de nuit

La marée qui renonce abandonne à regret
Les fantômes des mots des anciens naufragés
Enlisant à jamais une estampe figée
D'amour aux yeux noyés des brumes du passé...

El amor en los limbos del pasado

Oh, mirar el mar siempre que recomenzaba
Y mecía nuestras miradas en las fronteras del viento
Y latía, como un corazón, un golpe negro, un golpe blanco
En la sangre de sus profundidades que el sol perforaba

Yacer en una nube, aprovechar por la cintura
La estrella de paso a los ojos de los cormoranes
Moldear con tu cuerpo el alabastro a los gritos agonizantes
Tal era mi deseo que el mar aún lleva y llora

Apoyados en el tiempo que se sustrae y huye
Nos hemos desviado de la esperanza
Hasta un océano negro con agua furiosa
Que convirtió nuestras naves en restos de noche

La marea que renuentemente abandona o renuncia
Los fantasmas de las palabras de un antiguo náufrago
Empantanando para siempre una estampa estática
De amor a los ojos ahogados nieblas del pasado...

Fracas entre les vagues

Parmi le fatras d'écumes et rochers
S'entend le lourd fracas entre les vagues
Comme autant de patatras zigzaguent
S'entend le roulement des galets échoués

Entre les instants sourds où les vents draguent
S'entend le ricochet des rêves brassés
Comme autant d'échos divers divaguent
Dans la tourmente d'un vaisseau fracassé

Devant le fatras d'écumes et planchers
Se lamentent des prières qui alpaguent
Comme autant d'accords entre les vagues
S'entend le roulement d'âmes calanchées

Entre sirènes sonor' et pis-allers
Sur l'océan toutes peines ronflaguent
Comme autant d'envies d'hier divaguent
Et peine à échoir comme un galet…

Fracaso entre las olas

Entre el fárrago de espumas y rocas
Se oye el fracaso pesado entre las olas
Como tantos desastres zigzaguean
Se oye el rodar de los guijarros varados

Entre los segundos sordos donde los vientos dragan
Se oye el rebote de un sueño agitado
Como tantos ecos diversos divagan
En la tormenta de un barco destrozado

Ante el caos de tablones y espumas
Se lamentan y se colgan las plegarias
Como tantos acordes entre las olas
Se oye el rodar de almas calanchadas

Entre sirenas sonoras y el último recurso
Sobre el océano todos los dolores roncan
Como tantas ganas de ayer divagan
Y apenas puede caer como un guijarro...

À l'ombre de Dieu

Il est le cœur touchant d'un somptueux automne
Où la lumière joue sur des paillettes d'or
D'ocres et de vermeils, symbole d'un décor
L'éternel héros s'ouvrant aux épigones

Dans son alcôve aux torpeurs monotones
La croisée éclot l'œil d'une lune qui dort
Et les cieux étoilés prêts à prendre l'essor
Sont une féralité aux *Sables d'Olonne

Je connais ce Papa plein de fougue et de feu
Aux iris foisonnants, aux oliviers très vieux
Où le saule flamboie, le tournesol somnole

Où le moindre d'un aveu à l'ombre de Dieu
Lui dira : « mourir est indécent, en ce lieu »
Car l'âme vole vers l'Esprit qu'on idole...

Sables d'Olonne : Ville en Vendée

A la sombra de Dios

Es el corazón conmovedor de un suntuoso otoño
Donde la luz juega sobre destellos de oro
De ocres y bermellones, símbolo de los decorados
El eterno héroe abriéndose a los epígonos

En su alcoba a las monótonas torpezas
La ventana florece el ojo de una luna dormida
Y los cielos estrellados listos para despegar
Son una feracidad en *Las Arenas de Olona

Conozco a ese Papá lleno de vigor y fuego
Con iris florecientes, a los olivos muy viejos
Donde el sauce resplandece, el girasol duerme

Donde el más mínimo de una confesión a la sombra de Dios
Le dirá : « en este lugar, morir es indecente »
Porque el alma vuela hacia el Espíritu que se idolatra...

Las Arenas de Olona : Les Sables d'Olonne (Ciudad en Vendée)

Tableau des vies

Il suffit quelquefois
De teintes délavées
Pour retrouver l'émoi
D'un bien lointain passé
Vieilli et en noir et blanc,
Des photos d'identité
Jaunies avec le temps
Des souvenirs encadrés

Il suffit quelquefois
Au gré de ce tableau
Qui provoque la joie
D'admirer des visages beaux
Pour qu'en clignant les yeux
On puisse imaginer
Le labeur de ses sages "vieux"
Et des vies à œuvrer

Il suffit maintenant
D'ouvrir en grand son cœur
Sur ce tableau du vivant
Où règnent les couleurs
Pour qu'en sérénité
Tous ceux en nous, survivre
Dans un monde de paix
Et qu'on ait le goût de vivre…

Cuadro de las vidas

A veces es suficiente
De tintes desteñidos
Para recuperar la emoción
De un pasado lejano
Envejecido y en blanco y negro
Fotos de identidad
Amarillentas con el tiempo
Recuerdos enmarcados

A veces es suficiente
A merced de este cuadro
Que provoca la alegría
De admirar rostros hermosos
Para que parpadeando los ojos
Se puede imaginar
El trabajo de sus sabios "viejos"
Y vidas a trabajar

Ahora es suficiente
Abrir tu corazón a lo grande
En este cuadro de las vidas
Donde reinan los colores
Para que en serenidad
Todos en nosotros, sobrevivir
En un mundo de paz y felicidad
Y que tengamos el gusto de vivir...

Cendres

Enfant, nous avons joué sous le gros tilleul natal
Sans souci des devoirs, des travaux et des peines
Plus tard sous son indulgent feuillage amical
On abrita son rêve et ses illusions vaines

Mais cet ami discret par une tempête brutale
Fut détruit et le sang pur a séché dans ses veines
Le voilà, à présent, posé sur le chenet fatal
Consumé à feux doux par les flammes inhumaines

Les yeux fixés sur les débris de l'arbre mort
Je tisonne pensif, à ce qu'il en reste encore
Avant qu'il ait rendu son auguste âme et tendre

Ainsi nous contemplons d'un regard attendri
Ce qui demeure en nous et que la vie a meurtri
Du feu de nos vingt ans, nous n'en remuons que la cendre…

Cenizas

Niño, jugábamos bajo el nativo y gran tilo
Sin preocuparnos por los deberes, el trabajo y las penas
Más tarde, bajo su indulgente follaje amistoso
Abrigó nuestros sueños e ilusiones vanas

Pero, este amigo discreto por una tormenta brutal
Fue destruido y la sangre pura se secó en sus venas
Ahora está colocado en la chimenea sobre el soporte fatal
Consumido a fuego lento por las llamas inhumanas

Con los ojos fijos en los restos del árbol muerto
Remuevo pensativo lo que queda de él, todavía
Antes de que haya entregado su alma augusta y tierna

Así contemplamos con una mirada blanda
Lo que queda en nosotros y que la vida ha herido
Del fuego de nuestros veinte años, solo removemos las cenizas…

En Deuil, en Fête ou bien en Gloire

Pantoum

Comme dans un film, la vie va
En deuil, en fête ou bien en gloire
Tout se finit sur les gravats
Les rêves simplifient l'histoire

En deuil, en fête ou bien en gloire
Nos jours s'éteignent peu à peu
Les rêves simplifient l'histoire
On vit, on aime, on est heureux

Nos jours s'éteignent peu à peu
De l'aube jusqu'au crépuscule
On vit, on aime, on est heureux
Six pieds sur terre, on funambule

De l'aube jusqu'au crépuscule
On souffre aux affres du temps
Six pieds sur terre, on funambule
On palpite sur le moment

On souffre aux affres du temps
Bientôt mille ans à l'écumoire
On profite de chaque instant
En deuil, en fête ou bien en gloire…

En Duelo, en Fiesta o en Gloria

Pantún

Como en una pelicula, la vida va
En duelo, en fiesta o en gloria
Sobre los escombros todo se acaba
Los sueños simplifican la historia

En duelo, en fiesta o en gloria
Nuestros días se apagan poco a poco
Los sueños simplifican la historia
Se vive, se ama, se es muy contento

Nuestros días se apagan poco a poco
Desde el alba hasta el crepúsculo
Se vive, se ama, se es muy contento
Seis pies bajo tierra, se camina en equilibrio

Desde el alba hasta el crepúsculo
Se sufre a los azares del tiempo
Seis pies bajo tierra, se camina en equilibrio
Se invita en el momento

Se sufre a los estragos del tiempo
Pronto mil años con la espumadera
Se disfruta de cada momento
En duelo, en fiesta o en gloria…

Clown

Une touche de faux
Pour bien masquer le vrai
Une couche de chaux
Pour cacher les excès

Un nez rouge et rond
Le clown serait parfait
Et de nous, nous riions
Grimaçant le portrait

Trompant le désespoir
Et nos désillusions
Pour un jour, pour un soir
Comme les papillons

Eux aussi, maquillés
Trompant l'ennemi
De dessins étrillés
De divers coloris

Clown ou bien papillon
Chacun a le pouvoir
Donner de l'illusion
Même si tout est noir...

Payaso

Una pizca de falso
Para ocultar bien lo verdadero
Una capa de cal blanca
Para ocultar el exceso

Una nariz roja y redonda
El payaso sería perfecto
Y nos reímos de nosotros mismos
Haciendo muecas el retrato

Engañando a la desesperación
Y también la desilusión
Por una noche, por un día
Como las mariposas

Ellas también, maquilladas
Engañando a los enemigos
Con dibujos estriados
De varios colores

Mariposa o payaso
Cada uno tiene el poder
Sobre la ilusión creer
Incluso si todo es negro...

Concerto d'eau

Faux pantoum

Bercer par le chant attendri
J'entends le flot qui murmure
Des gouttelettes amoindries
Glissant le long des ramures

J'entends le flot qui murmure
Le concerto d'eau se produit
Glissant le long des ramures
Je rêvasse seul sous la pluie

Le concerto d'eau se produit
Fine pluie, douce mélodie
Un clapotis qui me séduit
Verse des notes arrondies

Fine pluie, douce mélodie
La rêverie d'un paradis
Verse des notes arrondies
La musique se répandit

La rêverie d'un paradis
À la rondeur du jour, fleurit
Et l'énergie se reverdit
Dès que ton âme me sourit

Concierto de agua

Falso pantún

Arrullar con el canto enternecido
El flujo que murmura, yo oigo
Las gotitas menoscabadas
Deslizando a lo largo de las enramadas

El flujo que murmura, yo oigo
El concierto de agua se produce
Deslizando a lo largo de la enramada
Yo sueño solo bajo la lluvia

El concierto de agua se produce
Lluvia fina, melodía dulce
Un chapoteo que me seduce
En notas redondeadas se deverse

Lluvia fina, melodía dulce
El ensueño de un paraíso
En notas redondeadas se deverse
Y la música se esparció

El ensueño de un paraíso
A la redondez del día, florece
Y la música se esparció
Cada vez que tu alma me sonríe

À la rondeur du jour, fleurit
L'arc en ciel et ses voussures
Et ton âme réjouie, sourit
Quand l'Amour vole vers l'azur

L'arc en ciel et ses voussures
S'enlacent dès que le jour luit
Quand l'Amour vole vers l'azur
L'harmonie est un chant de pluie...

A la redondez del día, florece
El arcoíris y su amplia curva
Y tu alma alegre, sonríe
Cuando el amor vuela hacia el nirvana

El arcoíris y su amplia curva
Se abrazan cuando el día brilla
Cuando el amor vuela hacia el nirvana
La armonía es un canto de lluvia...

Exclamation !

Loufoque

Oh la vache!... expression singulière
Locution interjective familière
Exprimant le point d'étonnement
Un choc ou la surprise, vachement !

On l'utilise à bon escient
Via un effet alliciant
Pour esclaffer l'admiration
Dans une superbe élation

Oh la vache!... un air potache
Locution, à laquelle on s'attache
Pour amplifier un choc
Ponctué d'un électrochoc

A travers maintes expériences
Comment célébrer l'existence
Où parfois se voue la passion
Dans la joie ou avec effusion

Oh la vache!... Oh la vache!
Une expression qui flashe
Ici, s'exprime l'enthousiasme
Merci Freud et son fantasme !!!

Alors encore... Oh la vache !...

¡Exclamación!

Poema loquísimo

¡Caramba!... expresión singular
Locución interjectiva familiar
Expresando el punto de asombro
Un choque o una sorpresa, ¡muchíssimo!

Se utiliza a propósito
Mediante un atrevido efecto
Para estallar de admiración
En un impresionante elación

¡Caramba!... Términos colegianos
Locución, a la que nos apegamos
Para amplificar un choque
Puntuado con un electrochoque

A través una simple experiencia
Cómo celebrar la existencia
Donde a veces hay pasión
Con alegría o con efusión

¡Caramba!... ¡Oh, Dios mío!
Una expresión que destella
Aquí el entusiasmo se expresa
¡Gracias Freud y su fantaseo!

Así que otra vez... ¡Oh, Dios mío!...

"Abrapatatra!..." au jour du Sabbat

Hendécasyllabe

Au cœur du silence et l'obscurité
Aussi sombre et habile qu'un alais
Volant à califourchon sur leurs balais
Là, sombrent sorcières et austérité

Au cœur de la forêt, en sécurité
Toutes vocifèrent, des sorts trop laids
Invoquant jusqu'à Satan s'il le fallait
Par une lune dans sa maturité

Mais dans les splendeurs de la vulgarité
Une des sorcières s'est trompée de lai
Invitant "Grande Faucheuse" sans délai

"Abrapatatra!..." dans la festivité
Seule la mort eut grande activité
Par sa faux, tranchant les têtes sans relais...

¡"Abrapatatra!..." en el día del Sabbat

Poema loquísimo

En el corazón del silencio y la oscuridad
Tan oscuros y hábiles como águilas
Volando a horcajadas sobre sus escobas
Allí, se hunden brujas y austeridad

En el corazón del bosque, en seguridad
Todas vociferan, un hechizo demasiado feo
Invocando hacia Satán si fue necesario
Por una luna expansiva de creatividad

Pero en el esplendor de la vulgaridad
Una bruja se equivocó de fórmula encantadora
Invitando a la "Gran Segadora" sin demora

¡"Abrapatatra!..." en la festividad
Sólo la muerte tuvo gran actividad
Por su hoz, cortando las cabezas sin relé...

Au Festif Feu d'Artifice

Un feu d'artifice explose de beauté
En un bain de lumières artificielles
Au cœur de l'empyrée et des divinités
Un feu d'artifice explose de beauté
En bouquet de feu, en bouquet d'étincelles

Il pleut des éclairs qui colorisent le ciel
Pétalisant de féerie l'obscurité
Parmi les innombrables gerbes arc en ciel
Il pleut des éclairs qui colorisent le ciel
Quand jaillit l'éclatante luminosité

Entre les fumées bariolées qui se mêlent
Des détonations transpercent l'immensité
Suit la série spiralée qui ensorcelle
Entre les fumées bariolées qui se mêlent
A la vive euphorie, des festivités

Un feu d'artifice explose de beauté
Sillonné par des fusées qui se constellent
En bain de lumières et de sonorités
Un feu d'artifice explose de beauté
Et resplendit d'intensité sur les mortels…

En el Festivo Fuego Artificial

Un fuego artificial explota de belleza
En un baño de luces artificiales
En el corazón del empíreo y las deidades
Un fuego artificial explota de belleza
En ramo de fuego, en lluvia de chispas

Llueve rayos que colorean el cielo
Petalizando de magia la oscuridad
Entre las innumerables gavillas arcoíris
Llueve rayos que colorean el cielo
Cuando surge la brillante luminosidad

Entre los humos abigarrados que se mezclan
Las detonaciones perforan la inmensidad
Sigue la serie en espiral que hechiza
Entre los humos abigarrados que se mezclan
En la viva euforia, en la festividad

Un fuego artificial explota de belleza
Surcado por cohetes que se constelan
En baño de luces y sonoridades
Un fuego artificial explota de belleza
Y resplandece con intensidad sobre los mortales...

L'Inspiration

Le voile du monde est tissé d'un rêve
Des mots et des teintes, glisse le pinceau
Fait naître le caneva, couler la sève
Des millions d'étoiles, où est le berceau ?

Derrière le voile où est le réel ?
J'explore mon cœur, cette pulsation
Fait surgir la couleur, forme idéelle
Dessine des courbes, offre l'émotion

Matrice des êtres, source des vies
Imagination fertile et prodigue
Des germes de désirs, des flots d'envies
Elle noue le secret des fils de l'intrigue

Le voile des rêves est texte des âmes
Des prairies du créé, féconde semence
Et l'inspiration compose les gammes
Parmi des galaxies, à l'incroyable danse...

La Inspiración

El velo del mundo está tejida de un sueño
De palabras y tintes, desliza el bolígrafo
Hace nacer el lienzo, fluir la tinta
De millones de estrellas, ¿dónde está la cuna?

Detrás del velo, ¿dónde está lo real?
Yo exploro mi corazón, esta pulsación
Hace surgir el color, forma ideal
Dibuja curvas, ofrece la emoción

Matriz de los seres, fuente de las vidas
Imaginación fértil y pródiga
De gérmenes de deseos, de oleadas ganas
Ella ata el secreto de los hilos de la intriga

El velo de los sueños es texto almas
De las praderas de lo creado, fecunda simiente
Y la inspiración compone las gamas
Entre galaxias, en el increíble baile…

Le Géant des Poinsettias

Par une nuit de neige et de glace
Est né au gala des Poinsettias
Un ange baigné par la grâce
Et le ciel a chanté Alléluia

Pour que sa vie soit un poème
Année après année, le temps passe
Un amour qu'il écrira lui-même
Pour qu'à jamais rien ne l'efface

Aujourd'hui il emplit l'espace
D'un anniversaire rouge grenat
Comme la flore des Poinsettias
Par une nuit de neige et de glace

Comme la flore de la Nochebuena
Un géant est né, Guillaume est là
Une étoile bercée par des arpèges
Par une nuit de glace et de neige...

El Gigante de las Poinsettias

En una noche de nieve y hielo
En el gala de las Poinsettias nació
Un ángel bañado por la gracia
Y el cielo cantó Aleluya

Para que su vida sea un poema
Año tras año, el tiempo pasa
Un amor que él mismo escribirá
Para que nada lo borre para todavía

Hoy él llena el espacio
Rojo granate es su aniversario
Como la flora de las Poinsettias
En una noche de nieve y hielo

Como la flora de la Nochebuena
Nació un gigante, Guillermo está allá
Una estrella mecida por el arpegio
En una noche de nieve y hielo…

Noël au ciel outre-cyan

Noël au ciel outre-cyan s'allonge doucement
À l'ombre des grands pins, derrière ma chaumière
Et ce temps d'émotion et ce temps de lumière
Se répand graduellement au coucher d'océan

Veillées évanouies, beignets du jour de l'an
Orange de Noël que nous offrait notre mère
Où êtes-vous partis et dans quelle clairière
Repoussera le houx de mes jeunes printemps ?

Parfois aux creux des nuits il me semble surprendre
Les échos de ce temps qui dorment sous la cendre
Là où brûlaient encore des charbons calcinés

Aujourd'hui, ce n'est plus que le vent qui se traîne
Dans le noir de l'hiver, la bise et le froid embruiné
Pendant qu'un lourd tic-tac au carillon s'égrène...

Navidad en el cielo ultra-cian

Navidad en el cielo ultra-cian se extiende suavemente
Detrás de mi choza, a la sombra del grande pino
Y este tiempo de emoción y este tiempo de luz dulce
Se propaga paulatinamente al atardecer del océano

Nochebuenas desvanecidas, buñuelos del Año Nuevo
Y en la Navidad nuestra madre nos ofrecía naranjas
¿Dónde se han ido y en qué claro enternecido
Volverá a crecer el acebo de mis jóvenes primaveras?

Me parece sorprender a veces en el hueco de las noches
Los ecos de ese tiempo que duermen bajo las cenizas
Donde todavía ardían brazas rojizas

Hoy, ya no es más que el viento que se arrastra
En la oscuridad del invierno, la brisa y el frío brumoso
Mientras un pesado tic-tac en el carillón se desgrana…

Nouvel An

Hendécasyllabe

Quand arrive enfin le jour du Nouvel An
S'ouvrent des rives de possibilités
Un cycle nouveau est à réinventer
Entre vœux géniaux au vent sibilant

Entre les jours et les heures défilant
Offrir du bonheur, le faire prospérer
L'avenir se construit, qui sait espérer
Quand arrive enfin le jour du Nouvel An

Sous le gui et quelques rameaux enneigés
Des baisers, sertis de générosité
S'échangent sur fond de musicalité

Précieux est l'instant de complicité
Profilant la joie et la sérénité
Qui n'a qu'un seul souhait, l'amour partagé...

Año Nuevo

Cuando llega al fin el día del Año Nuevo
Se abren orillas de posibilidades
Debe reinventarse un nuevo ciclo
Entre deseos geniales y vientos sibilantes

Entre los días y las horas desfilando
Dar felicidad, hacerla prosperar
El futuro se construye, quién sabe esperar
Cuando llega al fin el día del Año Nuevo

Bajo algunas ramas nevadas y el muérdago
Besos, engarzados de generosidad
Se intercambian sobre un fondo de musicalidad

Precioso es el momento de complicidad
Perfilando la alegría y la serenidad
Que sólo tiene un deseo, el amor compartido contigo…

Bibliographie

EFL est passionné par la poésie depuis longtemps avant de publier, Symphonies, Chants d'amour.

Toujours plongé dans l'écriture, il aime inventer des poèmes, partager avec ses lecteurs, sa passion, son humour, son imagination pour faire vibrer le cœur et l'esprit.

Il a passé sa jeunesse à voyager et a remporté de nombreux prix à des concours.

Aujourd'hui, il participe à des blogs de poésie et aide d'autres poètes, en les conseillant sur l'écriture, la publication et la promotion de leur recueil ou nouvelle littéraire.

Bref, partager l'inventivité de ses « coups de cœur » est cultivé aussi ses « coups de génie ».

Bibliografía

EFL es un apasionado de la poesía desde mucho antes de publicar, Sinfonías, Cantos de amor.

Siempre sumergido en la escritura, le gusta inventar poemas, compartir con sus lectores su pasión, su humor, su imaginación para hacer vibrar el corazón y la mente.

Pasó su juventud viajando y ganó muchos premios en concursos.

Hoy participa en blogs de poesía y ayuda a otros poetas, aconsejándoles sobre la escritura, la publicación y la promoción de su poemario o noticia literaria.

En resumen, compartir la inventiva de sus «golpes de corazón» es cultivar también sus « golpes de genio ».

Index - Índice

À la Mandoline……………………………………………………...…8
A la Mandolina…..………………………………………………….…9
Un jour particulier………………………………………………….…10
Un día particular………………………………………………………11
Je t'aimerai toujours.………………………………………………….12
Yo siempre te amaré..………………………………………...………13
Harpiste en apesanteur……………………………………….………16
Arpista en ingravidez…………………………………………………17
Harpe à Bruire…………………………………………………..……18
Arpa para Resonar……………………………………………………19
Maison Bonheur…………….....……………………………………...20
Casa Felicidad……………………………………………………..…21
Petit Déjeuner Gourmand……………………………………………22
Desayuno Gourmet……………………………………………………23
De ce qui vibre en nous………………………………………………24
De lo que vibra en nosotros………………………………………….25
Magie du peintre……………………………………………………...26
Magia del pintor………………………………………………………27
Les Églantines Tourmalines…………………………………………..28
Las Rosas Silvestres Turmalinas………………………………………29
Les Patios de Cordoue………………………………………………..30
Los Patios de Córdoba……………………………………………….31
Mascarade…………………………………………………………….32
Mascarada…………………………………………………………….33
Caravane de Nacarat...………………………………………...……..34
Caravana de Nácar…………………………………………………..35
Carnaval de Rio de Janeiro…………………………………………..36
Carnaval de Río de Janeiro…………………………………………..37
Holi, à la folie………………………………………………………..38
Holi, a la locura……………………………………………………...39
Week-end à Rhodes…………………………………………………..40
Fin de semana en Rodas……………………………………………..41
Sur la pointe des perles………………………………………………42
Sobre la punta de las perlas…………………………………………43
Deux Cygnes Drensitifs………………………………………………44
Dos Cisnes Drensitivos……………………………………………….45

La Féerie des Sansonnets……………………………………………46
La Magia de los Estorninos……………………………………….47
Le Ballet du silence………………………………………………48
Le Ballet del silencio……………………………………………..49
Beauté Céleste……………………………………………………50
Belleza Celestial………………………………………………….51
Magie stellaire……………………………………………………52
Magia estelar……………………………………………………..53
Voile aux mille splendeurs……………………………………….54
Inmenso velo de mil esplendores…………………………………55
Hymne à la Lune Rubescente…………………………………….56
Himno a la Luna Rubescente……………………………………..57
Effacer une étoile…………………………………………………58
Borrar una estrella………………………………………………..59
Libre à vous d'en faire autant…………………………………….60
Libre a ti, de hacer lo mismo……………………………………..61
Prémonitions……………………………………………………...62
Premoniciones…………………………………………………….63
Mon Parapluie…………………………………………………….64
Mi Paraguas………………………………………………………65
La légende du Pont des Amours………………………………….66
La leyenda del Puente de los Amores…………………………….67
Ton coin secret : Ton sourire……………………………………..68
Tu rincón secreto: Tu sonrisa……………………………………..69
Au parchemin de l'Amour………………………………………..70
Al pergamino del Amor…………………………………………..71
À Coeur Battant…………………………………………………..72
Con Corazón Latiendo……………………………………………73
Aimer sous le couchant…………………………………………..74
Amar hasta la puesta del sol……………………………………...75
Des petits morceaux de papier……………………………………76
Trozos de papel pequeñitos……………………………………….77
Le cygne porte l'hiver…………………………………………….78
El cisne lleva el invierno………………………………………….79
Je viendrais……………………………………………………….80
Yo vendría………………………………………………………..81
Les Iris……………………………………………………………82
Los Iris……………………………………………………………83

Sonnet à la Rose……………………………………………………..84
Soneto a la Rosa……………………………………………………85
Aux couleurs des saisons……………………………………….…86
A las colores de las temporadas…………………………………..87
Quatre Saisons d'Amour……………………………………….….88
Cuatro Estaciones de Amor………………………………….……89
Baiser du Printemps…………………………………………..……90
Beso de la Primavera………………………………………………91
L'or de l'été indien………………………………………………….92
El oro del verano indio…………………………………………….93
Crépuscule d'été……………………………………………..……..94
Crepúsculo de verano……………………………………………...95
Flambée d'or dans la plaine ………………………………………96
Llamarada de oro en la llanura…………………………….………97
Septembre……………………………………………………….….98
Septiembre…………………………………………………….……99
L'Amour de l'Automne…………………………………………….100
El Amor del Otoño………………………………………….……..101
Palette automnale………………………………………….………102
Paleta otoñal……………………………………………...….…….103
Prélude d'automne……………………………………….…….….104
Preludio de otoño……………………………..…………….…….105
Joyaux d'automne…………………………………………………106
Alhajas del otoño………………………………………………….107
Vigne de vie……………………………………………………….108
Viña de vida……………………………………………………….109
Novembre chante un requiem……………………………………110
Noviembre canta un réquiem………………………………….…111
Harmonie du soir…………………………………………….……112
Armonía del atardecer………………………………………….…113
Peñon d'Ifach………………………………………………………114
Peñón de Ifach……………………………………………………..115
Avec mon cœur, de Calpé…………………………………………116
Con mi corazón de Calpe…………………………………………117
L'amour comme océan de neige…………………………………118
El amor como océano de nieve………………………………..…119
L'amour dans les limbes du passé………………………………..120
El amor en los limbos del pasado………………………………...121

Fracas entre les vagues……………………………………………………..122
Fracaso entre las olas……………………………………………...……123
À l'ombre de Dieu……………………………………………………...…124
A la sombra de Dios……………………………………………………125
Tableau des vies……………………………………………………..126
Cuadro de las vidas...………………………………………………...127
Cendres……………………………………………………………...…128
Cenizas……………………………………………………………….129
En Deuil, en Fête ou bien en Gloire………………………………….130
En Duelo, en Fiesta o en Gloria……………………………...………131
Clown……………………………………………………………….132
Payaso………………………………………………………..………133
Concert d'eau…………………..………………………………….134
Concierto de agua..………………………………………………….135
Exclamation !……………………………………………………….138
¡Exclamación!……………………   ………………………………….139
"Abrapatatra!..." au jour du Sabbat……………………………….140
"Abrapatatra!..." en el día del Sabbat………………………………141
Au Festif Feu d'Artifice………………………………………………742
En el Festivo Fuego Artificial…………………………………………143
L'Inspiration...……………………………………………………….144
La Inspiración………………………………………………………145
Le Géant des Poinsettias.……………………………………………146
El Gigante de las Poinsettias…………………………………...…147
Noël au ciel outre-cyan.……………………………………………148
Navidad al cielo ultra-cian………………………………………….149
Nouvel An…………………………………………………………….150
Año Nuevo..………………………………………………………….151
Bibliographie…………………………………………………..……152
Bibliografía..………………………………………………………...153

Tous nos livres sont imprimés
dans les règles environnementales les plus strictes

Todos nuestros libros están impresos
en las más estrictas normas ambientales

© 2023 LARGEAU Edmond Frédéric
© 2023 EFL

ISBN : 978-2-3224-8126-2

Achevé d'imprimer en Juin 2023
Completado para imprimir en Junio de 2023

Dépôt légal: Juin 2023
Depósito legal: Junio de 2023

Prix: 8,00 €
Precio: 8,00 €